Montpellier auf einen Blick

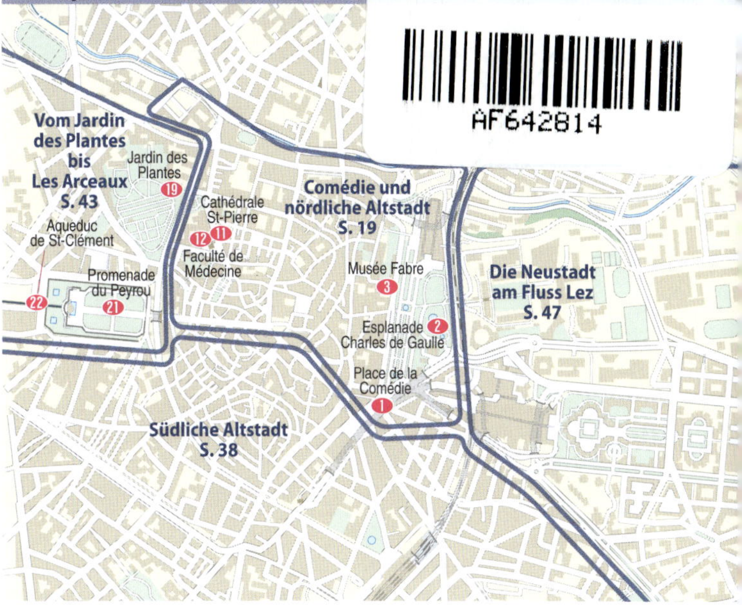

Cleveres Nummernsystem

Die Sehenswürdigkeiten sind im Text und im Kartenmaterial mit derselben **magentafarbenen ovalen Nummer** ❶ markiert. Alle anderen Lokalitäten wie Geschäfte, Restaurants usw. tragen ein **Symbol und eine fortlaufende rote Nummer** (1). Die Liste aller Orte und die Zeichenerklärung befinden sich im Anhang.

Der Schmetterling ...

... zeigt an, wo man Angebote im Bereich des nachhaltigen Tourismus findet.

Bewertung der Sehenswürdigkeiten

★★★ nicht verpassen
★★ besonders sehenswert
★ wichtig für speziell interessierte Besucher

Planquadrat im Kartenmaterial

[A1] Orte ohne diese Angabe liegen außerhalb unserer Karten. Ihre Lage kann aber wie die aller Ortsmarken mithilfe der begleitenden Web-App angezeigt werden (s. Anhang).

Vorwahlen

In Frankreich gelten **zehnstellige Rufnummern ohne weitere Vorwahlen.** Wer aus dem Ausland anruft, wählt die **Landesvorwahl 0033** und dann die komplette Nummer ohne die Null, innerhalb Frankreichs wird die gesamte Nummer inklusive 0 gewählt.

Abkürzungen

- Pl. für Place
- St für Saint
- Ste für Sainte
- Av. für Avenue
- Blvd. für Boulevard

Updates zum Buch

www.reise-know-how.de/citytrip/montpellier23

Die Kuppel des früheren Anatomischen Theaters (Theatrum Anatomicum, s. S. 36, Abb.: 001mo-ps)

Shootingstar am Mittelmeer

Lebhafte Terrassen und historisches Flair in der autofreien Altstadt – für Urlauber ist Montpellier ein Sommertraum. Und wer möchte, fährt einfach mit dem Rad, immer am Fluss Lez entlang, zum 11 km entfernten Mittelmeer. Wohl wegen ihrer Lage im warmen, weinseligen Départment Hérault gehört die alte Universitätsstadt heute zu den gefragtesten und lebenswertesten Städten Frankreichs. Die Einwohnerzahl wächst rasant, was sich nicht zuletzt durch den Bau moderner Architektur am Rand der historischen Altstadt bemerkbar macht. Auch die Lebensqualität steigt in der Stadt der Forscher und Start-ups: Innerhalb von wenigen Jahren eröffneten Lifestyle-Hotels, Sternerestaurants, Food Courts und Treffpunkte für die junge, kreative Szene wie der Gastronomietempel Halles du Lez (s. S. 70). Am Abend brodelt in Montpelliers Bars das studentische Leben. Das neue Gesicht der Stadt lernt man z. B. bei einem Sundowner in der Rooftop-Bar L'Arbre im 17. Stock des futuristischen Baus L'Arbre Blanc kennen (s. S. 80). Kulturliebhaber zieht es ins Musée Fabre 3 und ins MO.CO. (s. S. 63) sowie dessen Zweigstelle MO.CO. Panacée (s. S. 64). Letztere sind Hotspots für zeitgenössische Kunst, mit der Kunsthochschule vernetzt und ihre Namen von dem New Yorker MoMa inspiriert ...

Auch bei Montpelliers Festivals kommt unvergessliche Stimmung auf. Ob beim Festival des Fanfares (s. S. 95), beim Festival Montpellier Danse (s. S. 95), beim Marathon de Montpellier (s. S. 94) oder beim Festival de Musique Ancienne in der romanischen Kathedrale de Maguelone (s. S. 95) – dabei zu sein lohnt sich! In Montpellier herrscht für Genießer, Romantiker und Sportler Lebensart pur.

Die Autorin

Petra Sparrer ist als Journalistin, Reisebuchautorin, Verlagslektorin und Übersetzerin im eigenen Redaktionsbüro in Köln tätig. Bereits während ihres Romanistikstudiums verlor sie ihr Herz an Frankreich, wo sie ein Semester in Paris und drei Monate in Montpellier verbrachte. Das mediterrane Flair und die fantastische Lage haben es ihr angetan und sie kommt gern immer wieder zurück. Für den Reise Know-How Verlag schrieb die Autorin u. a. die CityTrips „Lyon“ und „Toulouse“ sowie den InselTrip „La Réunion“. Auch auf ihrer Website www.psvonunterwegs.de schreibt sie über Frankreich.

Danksagung

Für die Unterstützung bei den Recherchen bedankt sie sich bei Monika Fritsch von Atout France, beim Office de Tourisme von Montpellier, bei Hérault Tourisme und bei Jean-Pierre Lescole.

080mo-pm

Inhalt

NICHT VERPASSEN!

1 Place de la Comédie [D4]
Der Hauptplatz mit der Opéra Comédie ist ein beliebter Treffpunkt mit vielen Cafés (s. S. 19).

2 Esplanade Charles de Gaulle [D4]
Die grüne Oase mit Springbrunnen, Spielplätzen und einem früheren Botanischen Garten lädt zum Ausruhen mitten im Zentrum ein (s. S. 20).

3 Musée Fabre [D3]
Zu den Highlights zählen die international größte Gustave-Courbet-Sammlung und Großformate in Schwarz-Weiß von Pierre Soulages (s. S. 22).

11 Cathédrale St-Pierre [B3]
Die Kathedrale aus der Zeit der Päpste von Avignon beherbergt Werke der Malerschule von Montpellier (s. S. 31).

12 Faculté de Médecine [B3]
Herzstück der historischen medizinischen Fakultät im ehemaligen Bischofspalast neben der Kathedrale ist das anatomische Konservatorium (s. S. 33).

19 Jardin des Plantes [B2]
Frankreichs ältester Botanischer Garten kostet keinen Eintritt und bietet u. a. seltene Pflanzenarten, eine Zypressenallee und einen Bambushain (s. S. 43).

21 Promenade du Peyrou [A3]
Der Königsplatz um das Reiterstandbild von Ludwig XIV., Magnolienbäume, Bänke und ein weiter Blick machen den Park zu einem romantischen Ort – vor allem bei Sonnenuntergang (s. S. 45).

22 Aqueduc de St-Clément [A3]
Der Aquädukt über dem Viertel Les Arceaux nach dem Vorbild des Pont du Gard ist heute die Kulisse für einen quirligen Wochenmarkt (s. S. 46).

26 Cathédrale St-Pierre de Maguelone [ci]
Die romanische Kathedrale auf einer Laguneninsel hat eine einzigartige Lage, nicht weit vom Mittelmeerstrand (s. S. 51).

074mo ©Fred, stock.adobe.com

Willkommen in Montpellier

Montpellier ist eine sonnige südfranzösische Stadt, in der Wasser eine ganz besondere Rolle spielt. Auf ihren Plätzen sollen über 100 Brunnen sprudeln. Altstadtflair und ein Brunnen, der viel über die Stadt verrät, lassen sich auf der kleinen Place Chabaneau [C3] entdecken. Die Kinder an der Seite der Brunnenfigur heißen Lez und Mosson wie die Flüsse im Stadtgebiet. In einer Hand hält die Frau einen Schild mit dem Wappen der Stadt, dem Écusson, nach dem Montpelliers Altstadt benannt ist, denn im Mittelalter zeichnete die Stadtmauer die Umrisse eines Wappenschilds nach. Die Mauer steht nicht mehr, stattdessen kann man die Altstadt mit Auto, Bus oder der Tram auf breiten Boulevards umfahren.

Ins Herz der Stadt kommt man nur noch zu Fuß, denn seit dem Jahr 2000 ist die **Innenstadt komplett verkehrsberuhigt** und lässt sich ohne Verkehrslärm und Abgase erkunden. Wer durch die **labyrinthartigen mittelalterlichen Gassen** streift, hat Treppen und steile Straßen zu überwinden, denn Montpellier wurde vom Palais de Justice aus **auf einem Hügel errichtet.** Oben über seine lange Kuppe führen ebenere Wege: breite Sichtachsen, Flaniermeilen und repräsentative Alleen wie die Rue Foch und die Rue de la Loge, die im 19. Jh. als Verbindung zwischen Arc de Triomphe (20) und Place de la Comédie (1) angelegt wurden. **Großzügige Plätze** und **grüne Promenaden** wie die Esplanade Charles de Gaulle (2) entstanden gemäß dem Pariser Zeitgeist des 19. Jh.

Ein wenig Orientierung im enger gestrickten Gassengeflecht der Altstadt bieten die **Rue de l'Université** [C2/3] und die **Rue de l'Aiguillerie** [C4/D3], zwei Lebensadern mit viel studentischem Flair, kreativen Shops, Restaurants und Nightlife. Sie münden am Fuß des Hügels in den **Boulevard Louis Blanc** [C/D2], den Übergang vom Écusson in das **Viertel Beaux-Arts** mit ein paar lebhaften Bars und Restaurants an der Place des Beaux-Arts [D2].

Vom Château d'Eau (s. S. 45), dem Wasserturm in Höhe des Aquädukts, kann man sich über die Place de la Canourgue (10) und die Place Candolle [C3] bis zur Esplanade Charles de Gaulle (2) und zur Place de la Comédie (1) von den Skulpturen in den vielen **Brunnen** leiten lassen. Spätestens am Musée Fabre (3), einem vielseitigen Kunstmuseum internationalen Formats, und an der Fontaine des Trois Grâces (s. S. 20) vor der Oper offenbart sich Montpellier als **Stadt der Musik, des Tanzes und der Schönen Künste.**

Zeitgenössische Städteplaner und Architekten haben bei der Stadterweiterung den Weg zum Fluss Lez gesucht und dabei den roten Faden der Springbrunnen und Statuen nicht unterbrochen. Vom neogriechischen **Viertel Antigone** (23) des postmodernen katalanischen Architekten Ricardo Bofill kommt man dem hier noch einbetonierten Ufer des Lez folgend zum innovativen Rathausgebäude der Stadt von Jean Nouvel und François Fontès in **Port Marianne** (24).

◁ Vorseite: Alle Wege führen zur Place de la Comédie (1) mit der Oper

073mo-ps

Echte Urlaubsgefühle kommen am von hier noch gut 10 km entfernten **Mittelmeer** auf, das man von der Promenade du Peyrou 21 aus sehen kann. Seine Wellen spülen hinter den Kommunen von Lattes und Pérols an den kilometerlangen Sandstrand. Zur Küste hin erstrecken sich Weinkulturen und die geschützte **Lagunenseelandschaft der Étangs** mit ihrem flachem Wasser, das teils aus unterirdischen Süßwasserquellen stammt und sich mit salzigem Meerwasser mischt. Hier kann man Flamingos beobachten und die **Kathedrale von Maguelone** 26 besuchen, die lange vor Montpellier Bischofssitz war.

Am Abend laden dann wieder Montpelliers quirlige Altstadtterrassen zum Weintrinken ein.

Zu Stadterkundungen stehen offene, rote **Sightseeingbusse**, der **Petit Train** und **Fahrradrikschas** vor dem Office de Tourisme (s. S. 113) bereit. Das Viertel **Antigone** 23 erreicht man von der Place de la Comédie mit der Tram oder zu Fuß durch das Einkaufszentrum Polygone (s. S. 89). Ein Abstecher bis **Port Marianne** 24 ist ebenfalls zu Fuß oder mit der Tram machbar, aber schneller und bequemer geht es mit einem Leihfahrrad (s. S. 119). Die **Strände** (s. S. 53) sind mit der Tram und einem Shuttlebus, per Bus oder Zug und auch mit dem Leihfahrrad gut zu erreichen. Ein **Radweg** führt am Lez entlang, der bei Palavas-les-Flots ins Meer mündet. Nach dem Fluss **Mosson** weit abseits am Westrand der Stadt ist das Fußballstadion Stade de la Mosson benannt.

Altstadtflair auf der Terrasse des Bouchon St-Roch (s. S. 41)

Montpellier von oben

- Von der **Promenade du Peyrou** 21 schaut man über das Viertel **Les Arceaux und den Aquädukt** 22 sowie bei gutem Wetter bis zum Pic St-Loup 27 und den Nachbarberg L'Hortus bzw. nach Süden zum Mittelmeer.
- Einen tollen Blick bieten die **Rooftop-Bar** des Hotels **Pullman La Pléiade Montpellier Centre** (s. S. 126) und die Bar **L'Arbre** im 17. Stock des L'Arbre Blanc (s. S. 80).
- Treppen an der Esplanade Charles de Gaulle 2 führen auf das Dach des Kongresszentrums **Corum** (s. S. 85). Von dort reicht der Blick über Stadt und Umgebung.
- Bei Führungen des Office de Tourisme (s. S. 113) kann man die Aussicht vom **Tour de la Babote** 18, dem **Glockenturm der Cathédrale St-Pierre** 11 und vom **Arc de Triomphe** 20 genießen.
- **Le Phare Méditerranée** (s. S. 73) in Palavas-les-Flots ist ein Restaurant mit 360-Grad-Panorama und Weitblick über Küste und Étangs.

004mo-ps

Kurztrip nach Montpellier

Neuankömmlinge zieht es zuerst auf die **Place de la Comédie** 1, den mondänsten Platz der Altstadt. Vor der **Opéra Comédie** (s. S. 85) steht der **Brunnen der drei Grazien** (Fontaine des Trois Grâces), ein Symbol für Kunst und Anmut. Freitagnachmittags wird der Platz oft zur Bühne für Straßenmusiker und Gaukler.

Von der Oper kann man bis ans andere Platzende zum **Office de Tourisme** (s. S. 113) schlendern oder an der **Esplanade Charles de Gaulle** 2 mit Baumallee und Ententeich gegenüber vom Musée Fabre 3 in einem weitläufigen grünen Teil der Innenstadt Atmosphäre schnuppern.

Wer die Oper oder die anatomische Sammlung der **Faculté de Médecine** 12 besuchen möchte, bucht am besten schon vor der Reise Tickets für **Führungen des Office de Tourisme.**

Erster Tag

Morgens

Der auf Seite 14 beschriebene **Stadtspaziergang** lädt dazu ein, die verwinkelte Altstadt ausgiebig kennenzulernen. Kunstliebhaber können stattdessen direkt das **Musée Fabre** 3 besuchen, das u. a. für seine Gustave-Courbet-Sammlung und das schwarze Gemälde-Universum des zeitgenössischen Künstlers Pierre Soulages aus Rodez bekannt ist. Hier und in der Kathedrale lernt man auch Werke der Künstlerschule von Montpellier kennen, darunter

◁ *Blick von der Kathedrale über die Häuser der Stadt* 11

notten, die im 17. Jh. Auftragsarbeiten für die Katholische Kirche realisierten. Zum Musée Fabre gehört das **Musée des Arts Décoratifs** 4. In einem Adelspalast nebenan zeigt es Fayencen aus Apotheken und Gold- sowie Silberschmiedearbeiten. Die **Pharmacie et Chapelle de la Miséricorde** 5 birgt zwei alte Apotheken und weitere Gemälde der Malerschule von Montpellier.

Mittags

Verlockend sind die Mittagsmenüs im **L'Insensé** (s. S. 75) oder im **Les Bains de Montpellier** (s. S. 74) in den ehemaligen städtischen Bädern mit Palmen im Innenhof. Dienstags und samstags kann man bis 13.30 Uhr auch auf dem **Marché des Arceaux** (s. S. 88), dem Markt unter den Arkaden des Aquädukts, ein Picknick kaufen, die Treppe zur Promenade du Peyrou 21 hochgehen und von einer Parkbank den weiten Ausblick in die Umgebung genießen. Oder man isst mit studentischem Flair auf einer der Terrassen an der **Place des Beaux-Arts** [D2] unterhalb der Altstadt.

Nachmittags

Von der Place des Beaux-Arts ist es nicht weit zum **Musée d'Art Brut** (s. S. 61) im ehemaligen Wohnhaus des Künstlers Fernand Michel. Es zeigt faszinierende Werke traumatisierter, behinderter oder besessener internationaler Künstler. Ruhe, Grün und Schatten bietet dagegen der idyllische **Jardin des Plantes** 19 (Eingang am unteren Endes des Blvd. Henri IV.).

An der anderen Seite des Boulevards geht es zur **Faculté de Médecine** 12. Das **Musée Atger** zeigt im ersten Stock eine erstaunliche Sammlung an Zeichnungen von Alten Meistern wie Natoire, Tiepolo, Rubens, Fragonard und Veronese. In der **Cathédrale St-Pierre** 11 nebenan hängen sehenswerte Gemälde der Malerschule von Montpellier, Auftragsarbeiten der katholischen Gegenreformation.

Fans zeitgenössischer Kunst kommen im **MO.CO. Panacée** (s. S. 64) auf ihre Kosten und können im Innenhof eine erfrischende Pause einlegen.

Die Rue Roucher und die Rue Alexandre Cabanel [B4–C5] führen zu den Keramik- und Kunsthandwerksläden des **Viertels St-Roch** um die gleichnamige Kirche 16.

005mo-ps

Inspiriert von der griechischen Antike: der Brunnen der drei Grazien auf der Place de la Comédie 1

Abends

Montpellier hat eine lebendige Barszene, die es abends zu entdecken gilt. An der **Place Jean Jaurès** 14 und rund um die Markthalle **Halles Castellane** (s. S. 87) treffen sich die Stadtbewohner gern zum Aperitif vor dem Essen und hier bekommt man Snacks und lokale Spezialitäten. Ein sympathisches kleines Lokal ist das **La Bistrote** (s. S. 72) in der Nähe der Kirche Ste-Anne.

Im **L'Antirouille** (s. S. 82) und im **Le Rockstore** (s. S. 85) gibt es Livemusik und man kann bis spät in die Nacht tanzen. Auch das Programm des **Gazette Café** (s. S. 82), das einen schönen Innenhof mit Restauranttischen hat, lohnt einen Blick.

Weitere nette **Nightlife-Adressen** sind zum Beispiel Le Rebuffy Pub (s. S. 80), **Mosquito Latino** (s. S. 81), wo es ab und zu Tanzkurse gibt, und die auf Craft Beer spezialisierte Bar **Le Triskell** (s. S. 81).

Zweiter Tag

Morgens

Am zweiten Tag bietet sich ein **Einkaufsbummel** zwischen der Rue de l'Aiguillerie [C4/D3] in der nördlichen und der Rue de l'Ancien Courrier [C4] in der südlichen Altstadt an. Eine Entdeckung wert ist auch das Hôtel Varennes, ein historisches Stadtpalais, in dem z. B. das nostalgische **Musée Fougau** 8 von Stadtbewohnern gespendete Alltagsobjekte zeigt. Sonntags kann man von 8.30 bis 13.30 Uhr im Viertel Antigone über den **Bauernmarkt** (Marché d'Antigone, s. S. 88) schlendern. Die neogriechische Architektur des Viertels erstreckt sich bis zum **Fluss Lez.**

Weiter am Fluss entlang geht es mit etwas mehr Zeit bis **Port Marianne** 24 mit dem **Hôtel de Ville** von Jean Nouvel und dem **Marché du Lez** (s. S. 88), einem Treffpunkt der Gourmet- und Kreativszene.

Mittags

Auf dem **Marché du Lez** gibt es neben Street-Art und einem Antiquitäten- und Vintagemarkt auch Food Trucks und das Restaurant La Baraquette.

Im Bonobo Coffee Club (s. S. 77) kann man lange frühstücken bzw. brunchen – es gibt Pfannkuchen, ideenreiche Köstlichkeiten und auch ein veganes Angebot.

Nachmittags

Ein ideales Ziel für einen **Nachmittag am Mittelmeer** ist der Strand hinter Palavas-les-Flots. Richtung Maguelone gibt es vor dem Carré Mer (s. S. 93) einen im Sommer kostenpflichtigen Parkplatz zwischen den Dünen und dem Étang de Prévost. Von hier aus sollte sich niemand den Ausflug zu der romanischen **Cathédrale St-Pierre de Maguelone** 26 entgehen lassen, die sich idyllisch auf einer Insel im See hinter dem Strand erhebt. Man erreicht sie bei einem Spaziergang über den Weg hinter den Dünen und kann am Étangufer und am Strand zurückgehen. Im Sommer ist der Weg für Autos gesperrt, aber ab dem Parkplatz vor dem Carré Mer fährt ein kostenloser Petit Train an Weinkulturen vorbei bis zur Kathedrale.

Abends

Essen, chillen und tanzen am Strand – dafür ist das **Le Carré Mer** (s. S. 93) ein traumhafter Ort. Oder man trinkt im **Le Phare Méditerranée** (s. S. 73) in Palavas-les-Flots einen Apéritif und genießt dabei den weiten Panoramablick über die Küste – allerdings durch eine Glasscheibe. Alternativ lockt die Terrasse des **Au Poisson Bleu** (s. S. 76) direkt neben einer familiengeführten Fischhandlung mit frischen Austern und Meeresfrüchten.

In Montpelliers Altstadt kann man im **L'Esprit Vin** (s. S. 83) oder im **Tôt ou Tard** (s. S. 81) einen Rotwein vom Pic St-Loup probieren und im **Black Out** (s. S. 81) oder im **Sound Station** (s. S. 82) Livemusik hören.

Cocktails bekommt man bis 1 Uhr z. B. im **Le Willie Carter Sharpe** (s. S. 81).

◁ Das Carré Mer (s. S. 93), tagsüber Strandbar, abends Bar-Restaurant

Das gibt es nur in Montpellier

- **Grisettes de Montpellier,** kleine runde Bonbons aus Lakritz und Schokolade, die schon im Mittelalter bei Tauschgeschäften mit Jakobspilgern ihren Wert bewiesen haben sollen (s. S. 67).
- Das **AOC-Weingebiet Grés de Montpellier** (s. S. 68), in dem einige Winzer am Rand von Montpellier ihren rubinroten Rotwein keltern.
- Die **Rue de l'Ancien Courrier,** eine mit weißem Marmor gepflasterte alte Poststraße mit schicken Boutiquen (s. S. 18).
- Eine **Ahnengalerie von Ärzten der medizinischen Fakultät** in einem ehemaligen Bischofssaal (s. S. 17).
- Den **ältesten Botanischen Garten Frankreichs:** Der 4½ ha große Jardin des Plantes 19 wurde 1593 von der medizinischen Fakultät gegründet.

Stadtspaziergang

> **Routenverlauf im Stadtplan**
> Der hier beschriebene Spaziergang ist mit einer farbigen Linie im Stadtplan eingezeichnet.

Ohne Museumsbesuche und Abstecher dauert der Stadtspaziergang drei bis vier Stunden. Er beginnt vor dem historischen Säulenportal der **Gare St-Roch** [D6]. In dem kleinen Park **Square Planchon** gegenüber stehen Libanonzedern und Ginkgos und um eine Felseninsel im Teich schwimmen Enten. Gegenüber zeugt der neoromanische **Temple Protestant** (Rue Maguelone 25) vom Wiedererstarken der protestantischen Bourgeoisie im 19. Jh. und von hier führt die Palmenallee **Rue Maguelone** schnurgerade zur **Place de la Comédie** 1.

Auf dem Prunkplatz mit Belle-Époque-Architektur und Caféterrassen zieht zunächst das Opernhaus alle Aufmerksamkeit auf sich. Joseph-Marie Cassien-Bernard (1848–1926), ein Schüler von Charles Garnier, dem Baumeister der Pariser Oper, errichtete Montpelliers 1888 eingeweihte **Opéra Comédie** (s. S. 85). Die vier Statuen an der Fassade stehen für Gesang, Poesie, Tragödie und Komödie. Fresken im großen Foyer, eine Marmortreppe und ein vergoldeter Saal mit roten Samtsesseln – das Ambiente entspricht der Mode des 19. Jh. und ist nach italienischem Vorbild stilvoll und erhebend. Ein Blickfang und zentraler Treffpunkt ist die **Fontaine des Trois Grâces**, der „Brunnen der drei Grazien", vor dem Opernhaus.

007mo-ps

Weiter geht es durch die **Rue de la Loge.** Jakobsmuscheln aus Metall im Pflaster erinnern daran, dass hier der Jakobsweg (Via Tolosana bzw. Chemin d'Arles) verläuft. An der **Place de Compostelle** geht es rechts in die **Rue Jacques Cœur** [D4]. Der **Waffenhändler und Finanzier Karls VII.**, nach dem die Straße benannt ist, ging eine Weile in Montpellier seinen Handelsgeschäften nach. Er zählte wohl zu den Reichen ohne Skrupel, die irgenwie immer wieder auf die Füße fallen. Nach einer Anklage wegen Majestätsbeleidigung und Hochverrats bekam er einen Posten als Kommandeur einer päpstlichen Flotte im 9. Kreuzzug. Sein ehemaliges Stadtpalais *(hôtel particulier)* wurde im 17. Jh. zum Sitz des Rechnungshofs und des königlichen Schatzmeisters

Ideal für eine Pause: der Brunnen vor der Handelskammer

gebaut, dem **Hôtel des Trésoriers de France** (Nr. 7) mit der größten Prunktreppe Montpelliers, die aber nicht zu besichtigen ist, seit das Musée Languedocien, das sich im Gebäude befand, auf unbestimmte Zeit geschlossen wurde.

Von dem Gebäude aus spannt sich ein **Bogen** über die Straße. Es handelt sich um einen aus dem 16. Jh. erhaltenen Überrest der Chapelle Ste-Foy, durch den die Priester früher unbeobachtet in die Kapelle gelangten. Anfang des 17. Jh. errichtete der katholische Orden der Weißen Büßer hier die **Chapelle des Pénitents Blancs** 7. Ihr imposantes Deckenfresko ist ein typisches Beispiel für die Zeit der Gegenreformation nach den Hugenottenkriegen.

Immer weiter geradeaus geht es durch die Rue de la Monnaie bis zur **Chapelle de la Miséricorde** 5. Im 1622 von der Pest heimgesuchten Montpellier betrieben Ordensschwestern im Auftrag einer Wohltätigkeitsvereinigung hier die erste Apotheke. Als 2001 die letzten beiden Nonnen starben, richtete die Stadt ein Museum ein.

An der Kapelle vorbei führt die Rue Glaize auf die **Rue de l'Aiguillerie**, in die man rechts abbiegt und der man bis zum Vorplatz der **Basilique Notre-Dame des Tables** 6 folgt. In dieser Kirche wird die Statue der Schutzpatronin Montpelliers verehrt. Das Gotteshaus übernahm diese Tradition und den Namen von der zerstörten gleichnamigen Kirche an der Place Jean Jaurès 14. Die Rue de l'Aiguillerie ist eine der lebhaftesten Gassen der nördlichen Altstadt mit Bodypiercing- und Tattoostudios, Bars, Shops für Skater und Sprayer etc. Man kann ihr noch etwas folgen und kehrt dann um.

008mo-ps

An der Ecke zur Place Pétrarque stehen sich zwei stadtbekannte Nobelrestaurants beinahe gegenüber, **Ma Maison** (s. S. 75) und **La Cena** (s. S. 75), das im Erdgeschoss des **Hôtel de Varennes** in einer ehemaligen mittelalterlichen Tuchfärberei mit herrlichem Patio untergebracht ist. Der reiche Händler Fulcrand Roux renovierte das Ensemble aus zwei Patrizierpalais im 18. Jh. Heute gehört es der Stadt und zählt zu den wenigen der über 70 erhaltenen *hôtels particuliers*, die für für Besucher geöffnet sind.

Malerisch und verwinkelt: die Wege durch die Altstadt

081mo-ps

Neben dem Restaurant La Cena verlief früher eine Gasse. Das Hôtel de Varennes betritt man durch einen langen Gang unter Gewölbebögen und kommt dann in einen Innenhof. Eine mit Blattwerk und Tierdarstellungen verzierte Tür ist noch aus dem 16. Jh. erhalten. In der **Salle Pétrarque** aus dem 14. Jh. organisiert die Stadt sporadisch Ausstellungen und Veranstaltungen. In dem gotischen Saal auf der anderen Hofseite ist die **Université du Tiers Temps** (www.utt-montpellier.fr) untergebracht, eine Initiative der Hochschulen UM (Université de Montpellier) und Paul Valéry III. Geboten wird ein offenes Kursprogramm für Studenten, Berufstätige und Rentner.

Der Baldachin aus Stein vor der Cathédrale St-Pierre (11)

Eine breite Prunktreppe führt vom Hof hinauf zum **Musée du Vieux Montpellier** (8), dem Museum zur Stadtgeschichte in einer Wohnung aus dem 19. Jh. Kunstgegenstände und sakrale Objekte erinnern an Wohlstand und Bedeutung von Adel und Klerus und die Entwicklung der Stadt.

Eine Etage höher residiert das **Musée Fougau** (8), das von einem traditionsbewussten Verein betrieben wird, der die lokale Geschichte bewahren möchte und auch Sprachkurse für Okzitanisch anbietet.

Anschließend geht es von der Rue de l'Aiguillerie nach rechts in die **Rue Foch** und sofort wieder rechts durch die Rue Rosset und an den Café- und Restaurantterrassen vorbei über die Place du Marché aux Fleurs. Dann biegt man links ab Richtung **Place des Martyrs de la Résistance** mit der **Préfecture**, dem Verwaltungssitz des Hérault. Sein ältester Teil ist die imposante Stadtvilla **Hôtel de Ganges**, ein Geschenk des Erzbischofs von Narbonne an seine Geliebte, die Herzogin von Ganges. Das Gebäude ist seit 1718 Verwaltungssitz. Auf dem Vorplatz wurde schon damals bei gegebenem Anlass heftig demonstriert und es hieß, der Präfekt habe einen geheimen Fluchtweg. 1869 kamen neue Gebäudeteile hinzu.

Von der **Rue Bonnier d'Alco** [C3] kommt man rechts in die **Rue de l'Université**, die mit Shops, Bars, Cafés und historischen Unigebäuden bis zum unteren Ende zum Bummeln einlädt. Der Spaziergang führt aber vorher links ab durch die Rue du Four St-Eloi und über die **Place Candolle** [C3]. In der Platzmitte küssen sich Adam und Eva: Die Skuptur „Le Paradis Perdu" („Das verlorene Paradies") schuf der Bildhauer Jacques-Augustin Dieudonné im 19. Jh.

Von der Rue de Candolle sieht man schon die beiden hohen Pfeiler, die den verblüffenden steinernen Baldachin der **Cathédrale St-Pierre** 11 tragen. Die Kathedrale betritt man aber rechter Hand an der Rue du Cardinal de Cabrières. Das riesige Kirchenschiff ist auch ab und zu Schauplatz für Konzerte.

Montpelliers **Faculté de Médecine** 12 residiert neben der Kathedrale (an der Baldachin-Seite) im ehemaligen Bischofspalast, der 1793 nach der Französischen Revolution verstaatlicht wurde. In den früheren Räumen des Bischofs, wo bis heute Prüfungen und Doktorfeiern stattfinden, hängen traditionelle, rote Ärzteroben und **Porträts von Ärzten und Chirurgen.** Diese Räume sind ebenso wie das anatomische Konservatorium (nichts für Zartbesaitete und Kinder) nur bei einer Führung des Office de Tourisme zugänglich.

Die Rue St-Pierre führt vom Vorplatz der Kathedrale steil bergauf zur **Place de la Canourgue** 10. Am oberen Platzende folgt man der mittelalterlich anmutenden Gasse **Rue du Palais des Guilhem** nach links und dann rechts der kurzen Rue du Pistolet bis zur **Rue Foch,** durch die es nach rechts weitergeht. Montpelliers Mini-Champs-Élysées mit schmalem Mittelstreifen und vielen Bäumen entstand 1869 nach Pariser Vorbild als Sichtachse zwischen Rathaus und Triumphbogen. Rechts vor dem **Arc de Triomphe** 20, der zu Ehren des absolutistischen Sonnenkönigs Ludwig XIV. an der Stelle eines ehemaligen Stadttors errichtet wurde, führen Treppenstufen zur klassisch griechisch inspirierten Säulenkolonnade vor dem **Palais de Justice** hinauf. Im Giebeldreieck prunkt, wie es im 19. Jh. Mode war, ein vielsagendes Relief als Allegorie zum Thema Unschuld und Verbrechen. Das Gerichtsgebäude wurde 1853 auf den Überresten des Palasts der Guilhem-Dynastie errichtet, die Montpellier gegründet hat. Wie damals üblich wurde direkt ein Gefängis mit angebaut und erst 1990 geschlossen.

Wer den Triumphbogen durchquert, kann bis zum **Château d'Eau** (s. S. 45) am Ende der Promenade du Peyrou 21 flanieren und die Aussicht über den **Aqueduc de St-Clément** 22, bis zum Mittelmeer und in die Berge bewundern.

010mo-ps

Bei einer Führung in der Faculté de Médecine 12

Auf dem Rückweg biegt man von der Rue Foch rechts in die Rue de la Coquille ein, folgt der Rue Eugène Lisbonne nach links und sieht bereits die Kirchtürme des **Carré Ste-Anne** (s. S. 62), einer Kirche, in der ab 2024 nach Restaurierungsarbeiten wieder zeitgenössische Kunst gezeigt wird. Durch die Rue Ste-Anne, die Rue Ste-Guilhem, die Rue du Puits du Temple und die Rue Four des Flammes kommt man zur Kirche **St-Roch** 16. Sehenswerte Gemälde im Chor stellen Szenen aus dem Leben des heiligen Rochus dar, dem Schutzheiligen der Pestkranken. Faszinierend: An der Hauswand gegenüber gaukelt eine **Illusionsmalerei** dem Betrachter ein großes Fenster vor, in dem sich die Kirche spiegelt. Sie stammt von Le 7ième Sens, drei Künstlern, die in Frankreich seit vielen Jahren Wandfresken realisieren.

Im **Szeneviertel St-Roch** mit seinen vielen Kunsthandwerkshops kann man sich ein wenig treiben lassen. Wie die Kirche ist es nach dem Stadtheiligen und Schutzpatron der Pestkranken benannt und nicht mit dem Viertel Nouveau St-Roch um den Bahnhof zu verwechseln.

Von der **Rue Voltaire** gelangt man zur **Rue de l'Ancien Courrier,** einer der schönsten und längsten Gassen der Altstadt mit von den vielen Schritten glattpoliertem, weißen Marmor. Die von Boutiquen, Juwelieren, Parfüm- und Designershops gesäumte Gasse ist gerade so breit, dass früher Pferde mit Postkutschen hindurchkamen. Vor der Stadtvilla Hôtel Lecour (Nr. 13), im 18. Jh. Sitz der Post, banden Bauern ihre Esel an Eisenringen fest. Bei Nr. 15 birgt eine orthodoxe Kirche schöne Fresken, die man bewundern kann, wenn die Tür vor oder nach Gottesdiensten noch offen steht.

Über Treppenstufen geht es die Rue Joubert hinauf zur kleinen **Place St-Ravy** mit dem städtischen Ausstellungsraum **L'Espace St-Ravy** (s. S. 63). An der Hausfassade gegenüber sind Mauerreste einer Kirche oder eines Palasts zu sehen. Angeblich hatten hier einst die Könige von Aragon eine Residenz. Links führt die Rue des Trésoriers de la Bourse zum **Maison de Heidelberg** (Nr. 4), das den kulturellen Austausch zwischen Deutschen und Franzosen pflegt. Es residiert in einem Anwesen mit zwei Renaissance-Innenhöfen und Paradetreppe. Sind die Türen an beiden Seiten geöffnet, kann man es bis zur Rue du Bras de Fer durchqueren.

Etwas weiter auf der Rue des Trésoriers de la Bourse erreicht man rechts die moderne Markthalle **Halles Castellane** (s. S. 87), die alles bietet, was Schlemmerherzen erfreut. Wer sie umrundet oder durchquert, kommt an der anderen Seite zur **Rue de la Loge**, einer lebhaften Fußgängerzone, die bis zur Place de la Comédie 1 führt. Sie war einst die Straße der Goldschmiede und hieß Rue Dorée („Goldstraße"), bis Jacques Cœur (s. S. 14) hier ein Handelsgericht und eine Handelsbörse *(loge)* errichten ließ. All diese Gebäude fielen wie die Kirchen der Stadt den erbitterten Religionskriegen zum Opfer. Erhalten ist das Gebäude Nr. 19, der Legende nach das **Geburtshaus des heiligen Rochus.** Am 16. August ist es Pilgerziel einer Prozession, bei der katholische Gläubige Wasser aus einem im Hinterhof verborgenen Brunnen holen. An der **Place Jean Jaurès** 14 gegenüber den Halles Castellane kann man den Spaziergang auf den Restauranterrassen um die Statue des Politikers Jean Jaurès (1859–1914) ausklingen lassen.

Comédie und nördliche Altstadt

Die lebhafte Fußgängerzone **Rue de la Loge** und in ihrer Verlängerung die **Rue Foch** teilen das **Écusson**, Montpelliers wappenförmige mittelalterliche Altstadt mit ihren engen Gassen, in einen nördlichen und einen südlichen Teil. Beide Straßen wurden im 19. Jh. als luftige Flaniermeilen und Sichtachsen angelegt, wie es damals auch in Paris Mode war. Die **Place de la Comédie** ❶ vor dem Opernhaus und die parkartige **Esplanade Charles de Gaulle** ❷ sind die Laufstege und Flaniermeilen der südfranzösischen Metropole.

In der nördlichen Altstadt konzentrieren sich bedeutende Sehenswürdigkeiten wie das **Musée Fabre** ❸, die **Kathedrale** ⓫ und die **Faculté de Médecine** ⓬. Kulturelle Anziehungspunkte sind **MO.CO. Panacée** (s. S. 64), ein Ausstellungsforum für zeitgenössische Kunst am früheren Standort der königlichen Medizinschule, und **Agora – Cité de la Danse** (s. S. 84), das choreografische Zentrum für zeitgenössischen Tanz in einem ehemaligen Augustinerkloster. Am besten lässt man sich über lauschige Plätze und durch enge Gassen treiben, vorbei an Boutiquen, Spielzeugläden und Caféterrassen, lauscht hier und da Straßenmusikern und dem Nachhall der Stimmen und geht an heißen Tagen ein wenig langsamer, denn die nördliche Altstadt ist weitläufig und hügelig.

❶ Place de la Comédie ★★★ [D4]

Marktstände, Straßenmusiker, Schausteller, Demonstranten und Nachtschwärmer machen das Herz der Stadt zum bühnenreifen Salon. Montpelliers Hauptplatz zwischen der abends effektvoll angestrahlten Opéra Comédie und der Touristeninformation (s. S. 113) wird von den Stadtbewohnern „L'oeuf“ genannt,

Die mondäne Place de la Comédie, Open-Air-Salon und Treffpunkt

003mo-ps

„das Ei". Der Spitzname stammt aus der Zeit um 1755, als der Platz an der Stelle der ehemaligen Stadtbefestigung in ovaler Form angelegt wurde. Besonders glatte Bodenplatten markieren heute den ursprünglich elliptischen Umriss, abends beleuchtet ihn eine neonblaue Linie. Zum 1000-jährigen Stadtjubiläum Montpelliers 1985 wurde der Platz autofrei. An der Südseite mit dem historischen Karussell bimmeln regelmäßig die Trams der Linie 1 vorbei.

Blickfang vor dem Opernhaus ist die **Fontaine des Trois Grâces**, der Brunnen mit den als Skulptur verewigten drei Grazien Euphrosyne, Thalia und Aglaia, den Göttinnen der Anmut und Freude. Étienne d'Antoine, ein Bildhauer aus Carpentras, schuf sie Ende des 19. Jh. aus weißem Carrara-Marmor. Die Originalskulptur steht heute im Foyer der Opéra Comédie.

Vor der Verlängerung des Platzes zu einem 230 x 50 m großen Rechteck, die Ende des 19. Jh. vollendet war, erfolgten der Abriss des Stadttors Porte de Lattes, die Anlage der breiten Straßen Rue Foch, Rue de la Loge und Rue Maguelone sowie die Eröffnung des Bahnhofs Gare St-Roch. Der Platz bekam eine repräsentative **Belle-Époque-Bebauung** nach dem Vorbild der homogenen Architektur des Pariser Stadtsanierers Baron Haussmann und wurde zu einer eleganten Schnittstelle zwischen dem Bahnhof und den Gassen der mittelalterlichen Altstadt.

An seinem Kopfende stand bereits seit 1755 ein Theater, das 1788 und erneut 1881 abbrannte. Heute nimmt die 1888 eröffnete **Opéra Comédie** (s. S. 85) strahlend den Vorsitz der Tafelrunde unter den Häusern ein. Es ist das Werk des Architekten Joseph-Marie Cassien Bernard, einem Schüler von Charles Garnier, der die Pariser Opéra Garnier erbaute. Eine mit Mosaiken verzierte Treppe aus verschiedenfarbigem Marmor und 1600 rote Samtsessel begeistern Besucher des nach Bordeaux größten Opernhauses der französischen Provinz. Es ist die Spielstätte der kreativen **Opéra de Montpellier**, des **Orchestre National de Montpellier Occitanie** und des **Opernchors.**

Neben **Traditionscafés** haben sich **Banken** und die lokale Tageszeitung **La Gazette** standesgemäß am Platz niedergelassen. Architektonische Markenzeichen des aufstrebenden 19. Jh. sind das **Hôtel du Midi** neben der Oper und das Gebäude mit der Hausnummer 10 neben dem Kino Gaumont, das **„Le Scaphandrier"** („Der Taucher") genannt wird, weil die Dachkuppel mit ihren Bullaugenfenstern an eine Tauchermaske erinnert. Am Giebel sind die Quellen des Reichtums im 19. Jh. dargestellt: der Weinanbau und die Eisenbahn. Vor dem Kino steht neben dem gläsernen Aufzug in das zentralste Parkhaus der verkehrsberuhigten Altstadt seit eh und je eine Litfaßsäule.

› Tram: Comédie

2 Esplanade Charles de Gaulle ★★★ [D4]

Die Esplanade, die sich direkt an die Place de la Comédie anschließt, ist ein luftiger Ort zum Durchatmen auf einer Parkbank oder einer der Kioskterrassen. Sie geht unmittelbar in den Jardin du Champs de Mars über.

Die vierreihige **Platanenallee** zum Flanieren zwischen Place de la Comédie 1 und Corum, dem Kongresszentrum und der Spielstätte der Opéra Berlioz (s. S. 85) mit begehbarem Dach und schöner Aussicht, bietet Er-

012mo-ps

holung mitten in der City. Auf kleinem Raum kommen Naturschwärmer und Kulturliebhaber an der Esplanade gleichermaßen auf ihre Kosten, denn zu den Anrainern der grünen Lunge auf rund 500 m Länge gehören das **Musée Fabre** ❸, Montpelliers erste Adresse für Kunstliebhaber. Im **Pavillon Populaire** (s. S. 64) von 1891 organisiert es zudem Fotoausstellungen, während der **Espace Dominique Bagouet** (s. S. 62) Wechselausstellungen zu Künstlern aus Montpellier und der Region (19. und 20. Jh.) zeigt. Bei gutem Wetter wird die Esplanade zwischen Wiesen und Springbrunnen auch schon mal als Tanzfläche für **Open-Air-Milongas** der Tangoschulen oder zum Schauplatz für Vorführungen anderer Art.

Die Stadt kaufte den ursprünglichen Exerzierplatz um 1900 der Armee ab und ließ die Esplanade direkt vor der ehemaligen Zitadelle anlegen, in der seit 1947 das renommierte Gymnasium **Lycée Joffre** untergebracht ist. Ein kurioser offener Betonpavillon auf halber Höhe, der **Kiosque Bosc** für Open-Air-Konzerte, findet

◻ *Einladend: die Kioske unter Platanen an der Esplanade*

MEIN TIPP

Am Kiosk an der Esplanade

An den Jugendstil-Kiosken vor der Platanenallee der Esplanade geht es familiär zu. Springbrunnen, ein Kinderspielplatz und der romantische Jardin du Champs de Mars liegen direkt gegenüber, das Musée Fabre ❸ ist um die Ecke. Haute Cuisine darf man hier nicht erwarten, dafür aber leckere Sandwiches und frische, preiswerte Mittagsgerichte, Waffeln und Eis oder einen großzügig portionierten *Café gourmand* (s. S. 71). Das **Vert Tomate** serviert große, frische Salate, der **Kiosque à Malices** typische Snackküche (Grillfleisch, Pommes, Salat) und z. B. Crêpes. Auch auf der Terrasse der **Cantine d'Adrien** (s. S. 71), wo es kleine hausgemachte Gerichte gibt, lässt es sich gut im Schatten verweilen.

1 [D3] **Kiosque à Malices** €, 207 Allée Paul Boulet, Tel. 0467606756, tgl. 9–19 Uhr

2 [D4] **Vert Tomate** €, 19 Allée Paul Boulet, tgl. 9–19 Uhr

heute kaum noch Beachtung. Bei seiner Einweihung 1927 dirigierte hier ein Komponist aus Montpellier vor sage und schreibe 25000 Zuschauern: Auguste Bosc (1868–1945), der im Paris des 19. Jh. Karriere gemacht hatte und seiner Heimatstadt den einst futuristischen Betonbau zum Dank für sein Stipendium schenkte.

Nostalgischen Charme verströmt der Minipark **Jardin du Champs de Mars.** Mit einem Ententeich in der Mitte, einem Spielplatz, der dem Thema Musik gewidmet ist, und altem Baumbestand lädt der 1900 eröffnete „botanische" Garten auf 35.000 m² Fläche zum Entspannen und Träumen ein. Edouard André (1840–1911), der Landschaftsarchitekt der Pariser Parks Montsouris und Buttes-Chaumont, legte ihn nach der Mode der damaligen Zeit an. Gegenüber lohnt ein Blick auf die restaurierte Fassade des früheren Kinos **Cinémathographe Pathé.** Im Gebäude (Centre Rabelais, 27 Boulevard Sarrail) werden heute Veranstaltungssäle vermietet.

› Tram: Comédie oder Corum

3 Musée Fabre ★★★ [D3]

Eines der sehenswertesten Museen des französischen Südwestens! Seit der Gründung durch den Künstler François-Xavier Fabre im Jahr 1828 hat es sich zu einem Haus von internationalem Format entwickelt.

Zu entdecken gibt es **spektakuläre und rare Werke** vom 16. bis 21. Jh., von Alten Meistern über Eugène Delacroix und Gustave Courbet bis zu zeitgenössischen Vertretern der Gruppe Supports/Surfaces. Pierre Soulages, der Lichteffekte in seine Kunst einbezieht, überwachte persönlich die Hängung seiner „Outrenoirs" in einem Saal mit Fensterfront und Dimensionen für extrem großformatige Werke.

Neu und Alt vereinen sich und nach einer aufwendigen Renovierung, die 2007 abgeschlossen war, begann eine neue Ära. **Lebensfrohe Wandfarben** bringen die jeweilige Hängung zur Geltung. Vorbei sind auch die Zeiten, als man in Museen nichts anfassen durfte: Besucher dürfen etliche **moulages** – als Abgüsse reproduzierte Skulpturen – betasten. Kinder, Neugierige und Sehbehinderte kön-

013mo-ps

nen so erleben, wie sich z. B. warme Bronze oder frischer Ton anfühlen.

Das Musée Fabre lädt spielerisch zu einem **Kurztrip durch die Kunstgeschichte** ein. Entweder man durchstreift es komplett oder steuert je nach Interesse die vielfältigen **Highlights** an, z. B. die von Zurbarán (hl. Agathe) und Ribera (hl. Maria von Ägypten) unter Einflüssen Caravaggios dargestellten Märtyrerinnen, die Säle zu Delacroix, Jean-Auguste-Dominique Ingres und Pierre Soulages oder Jean Hugos Werk zum südfranzösischen Alltagsleben im surrealistisch-naiven Stil. Er ist der Enkel des Schriftstellers Victor Hugo.

Alles begann mit **François-Xavier Fabre** (1766–1837), geboren in Montpellier, Absolvent der École des Beaux Arts und Meisterschüler des Pariser Malers Jacques Louis David. Vor seiner Rückkehr nach Montpellier, wo er 1828 das Museum gründete, perfektionierte Fabre seine Malerei viele Jahre in der Villa Medici in Rom und bei Reisen durch Italien, wo er etliche Werke von Altmeistern der italienischen Renaissance kaufte. Seine Sammlung schenkte er später seiner Geburtsstadt, die ihm im Gegenzug die Gebäude eines ehemaligen Jesuitenklosters (17. Jh.) und die Patriziervilla Hôtel de Massilian (18. Jh.) als Museum überließ.

Fabre, mit 62 Jahren Museumsdirektor, bezog eine Wohnung im Museum und präsentierte persönlich seine Sammlung und die damalige städtische Bibliothek. Die Wohnung des ehemaligen Direktors zählt heute zu den Ausstellungsräumen. Hier hängen einige Porträts von Fabre und viele Werke anderer Künstler, denn das Museum wuchs schnell über Fabres Sammlung hinaus.

Schon 1836 bereicherte der Kunstmäzen **Antoine Valedau** die italienisch-französische Sammlung um holländische und flämische Meister, z. B. Brueghel, Tenier und Rubens, deren Werke heute in acht Sälen hängen. **Alfred Bruyas**, ein reicher Bankierssohn und Mäzen aus Montpellier, der gern Kunst kaufte, die auf dem Pariser Salon Skandale verursachte oder gar nicht erst dort präsentiert werden durfte, überließ dem Museum 1868 und 1876 zwei Schenkungen und so gelangte es in den Besitz der **zweitgrößten Gustave-Courbet-Sammlung der Welt.** Erste Werke des Realismus wie Courbets „Les Baigneuses", damals verfemt als „unvorteilhaft dargestellte Frauen neben einer Pfütze", initiierten die moderne Malerei.

Bruyas war mit Courbet befreundet. „La rencontre" bzw. **„Bonjour Monsieur Courbet"** („Die Begegnung", 1854) stellt die Begrüßungsszene dar, als der Maler seinen rotbärtigen Mäzen in Montpellier besuchte. Dieser war von der Tuberkulose geschwächt und ließ sich von seinem Fahrer zu dem Treffen bringen. Es ist eins der berühmtesten Bilder von Courbet. Bruyas, den späteren Museumskurator, malten viele Künstler, die er gefördert hatte, z. B. Auguste Glaize, Alexandre Cabanel und Eugène Delacroix. So trifft man im Museum immer wieder auf Porträts von ihm. Der Pariser Maler Marcel-Antoine Verdier stellte ihn gar als Christus mit Dornenkrone dar, als Märtyrer für die moderne Kunst. Zwar verrissen zeitgenössische Kritiker den Maler Verdier, aber er hatte zum Beispiel

◁ Die Galerie des Colonnes, restauriert wie zu Zeiten von François-Xavier Fabre

bleibenden Einfluss auf das Werk von van Gogh und Gauguin.

Die **ältesten Werke der Sammlung** – von Botticelli, Veronese, Ghirlandaio, Ser Giovanni, Maler aus dem 15. Jh. – hängen im **Salle du Jeu de Paume.** Glanzvoll renoviert gewährt die **Galerie des Griffons** („Galerie der Greifvögel") heute einen frischen Blick auf das neo-antike etruskische Fresko, das Fabre persönlich bei Thomas Baroffi in Auftrag gab. Seinerzeit wurde die Galerie daher „Galerie des Direktors" genannt. Zu bewundern sind hier vor allem italienische und spanische Malerei des 17. Jh. unter dem Einfluss von Caravaggio und klassische französische Werke, z. B. von Nicolas Poussin. Stolz ist das Museum auf das restaurierte Gemälde **„Vénus et Adonis, vue de Grotta ferrata"** (ca. 1626), dessen zwei Teile nach Jahrhunderten wieder zusammengefügt werden konnten. Die passende zweite Hälfte zu der Flusslandschaft aus der Sammlung von Fabre kaufte das Museum 2011 für 1,8 Mio. € von einem amerikanischen Sammler. Forscher hatten die Spur des 1626 im Auftrag des römischen Sammlers Cassiano dal Pozzo von Nicolas Poussin gemalten Werks bis nach New York verfolgt. Nur eine kaum merkliche Linie verrät heute seine Teilung im 18. Jh.

Das ausdrucksvolle, nach der Art von van Dyck gearbeitete Porträt „L'Homme au ruban noir" stammt von **Sébastien Bourdon** (1616–1671), einem bedeutenden Vertreter der Malerschule des 17. Jh. aus Montpellier. Es stellt einen Adeligen dar, dessen Ärmel von Bändern zusammengehalten werden. Bourdon war Hugenotte und wurde mit dem Gemälde „La Chute de Simon le Magicien" („Der Fall des Magiers Simon") für die Kathedrale **11** beauftragt. Nach ihm und **Jean Raoux** (1674–1734), der nach seiner Rückkehr aus Italien „Pygmalion amoureuse de sa statue" für Frankreichs Königliche Kunstakademie malte, sind ganze Museumssäle benannt.

Der Porträt- und Kirchenmaler **Antoine Ranc** (1634–1716) und sein Sohn **Jean Ranc** (1674–1735), Hofmaler des spanischen Königs Felipe IV., sind weitere Vertreter der Malerschule von Montpellier. Jean Rancs'

Die Skulptur „L'Hiver" von Jean-Antoine Houdon symbolisiert den Winter

„Vertumne und Pomone" (ca. 1710–1722), eine Verführungsszene der schönen Nymphe der Obstgärten, gehört zu den Museumshighlights.

Frédéric Bazille (1841–1870), einer der ersten Impressionisten, war Sohn einer reichen protestantischen Familie aus Montpellier. Er stand für „Le Déjeuner sur l'Herbe" seines Freunds Claude Monet Modell und lernte durch Alfred Bruyas Gustave Courbet und Delacroix kennen, verlor aber schon mit 28 Jahren im Deutsch-Französischen Krieg sein Leben.

In der **Galerie des Colonnes** („Säulengalerie") sind Beispiele für großformatige neoklassizistische Werke zur Mythologie des Malers Joseph-Marie Vien (1716–1809) und von Fabre selbst ausgestellt. Der Historienmaler Fabre inszenierte theatralisch eine Szene aus dem Sophokles-Stück „Philoktetes" über den mit einer Gelenkverletzung auf die Insel Lemnos verbannten Troja-Krieger, der Neoptolemos, den Sohn von Achilles, anfleht, ihm zum Überleben Pfeil und Bogen zu lassen. Der englische Lord Bristol gab das Gemälde in Florenz bei Fabre in Auftrag.

Im nächsten Saal faszinieren zwei **Skulpturen von Jean-Antoine Houdon** (1741–1828). Die beiden jungen weiblichen Schönheiten symbolisieren Sommer und Winter. „L'Été" ein Erfolg, „L'Hiver", ein mehr als halbnacktes, fröstelndes Mädchen, das offenbar seine Unschuld verloren hat, ein Skandal. In späteren Zeiten provozierten ganz andere Dinge oder auch gar nichts mehr. **In der zeitgenössischen Sammlung** sind u. a. Werke der 1966 gegründeten Gruppe Supports/Surfaces ausgestellt, die sich mit den Grenzen des Kunstwerks und seiner Materie auseinandersetzte und den klassischen Bilderrahmen als spießbürgerlich abtat. Einer ihrer Vertreter, **Claude Viallat** (geb. 1936 in Nîmes), widmete sein Werk dem Wechselspiel zwischen Dichte, Glanz und Intensität der Farben. Er gestaltete auch die Fenster der Kirche Notre-Dame des Sablons in Aigues-Mortes.

Manche Besucher kommen nur wegen **Pierre Soulages** (geb. 1919 in Rodez, verstorben 2022 in Nîmes) ins Musée Fabre, andere können mit seinen Werken absolut gar nichts anfangen. Er schenkte dem Museum Arbeiten zur Vibration des Lichts auf der Gemäldeoberfläche, die 60 Jahre seines Schaffens seit den 1940er-Jahren repräsentieren. Die großformatigen „Outrenoirs" („Jenseitiges Schwarz") sind ein Spiel mit Lichtreflexen. Soulages malte sein sog. „mentales Schwarz" mit den Reflexionen, die das Licht erzeugt, das ja alle Farben erst entstehen lässt. Ein extra für sein Werk gebauter Saal ermöglicht, weit genug zurückzutreten, um changierende Impressionen von matt bis glänzend und anthrazit bis blauschwarz auf sich wirken zu lassen.

› 39 Blvd. Bonne Nouvelle, Tel. 0467148300, Tram: Comédie oder Corum, http://museefabre.montpellier3m.fr, Di–So 10–18 Uhr, Einlass bis 30 Minuten vor Schließung, Eintritt Wechselausstellung (inkl. Zutritt zur permanenten Ausstellung und Musée des Arts Décoratifs 4 im Hôtel de Cabrières-Sabatier d'Espeyran) Erwachsene 12 €, ermäßigt 9 €, nur Dauerausstellung 9/6 €, Audioguide 3 €, die Tickets gelten einen kompletten Tag. Nach Voranmeldung Führungen (auch für Kinder) auf Deutsch möglich (10,50/7 €). Gut sortierter Museumsshop, Café im Restaurant L'Insensé (s. S. 75).

4 Musée des Arts Décoratifs ★★ [D3]

Eine wertvolle Porzellansammlung, Möbel aus der Zeit von Ludwig XV. bis zu Napoléon III. und eine monumentale Prunktreppe – es ist, als würde man hier in den Privatgemächern einer Adelsfamilie aus dem 19. Jh. empfangen. Im **Hôtel Cabrières-Sabatier d'Espeyran** sind seit 2010 die Exponate der **Abteilung für Dekorative Künste** des Musée Fabre 3 zu sehen. Damit das Ambiente intakt bleibt, bekommen Besucher auf Wunsch am Eingang Tablets mit Erklärungen. Die Exponate sind nicht beschriftet.

In der ersten Etage ist die luxuriöse Einrichtung der ursprünglichen Besitzer erhalten. Der **Comte Charles Despous de Paul** und seine Ehefrau ließen das Haus 1872 bis 1875 bauen. Seine Enkelin **Renée Sabatier d'Espeyran** erbte es von ihrer Großmutter Fanny und überließ es 1967 dem Musée Fabre. Im Esszimmer und im grünen Salon ist selbst nach jahrelanger Renovierung alles noch so wie anno dazumal. Die Wanddekoration zeugt von der royalistischen Gesinnung der herzoglichen Familie. Im **roten Salon** mit roten Seidendamastwänden und opulenten Teppichen hörten geladene Gäste einst Musik und rauchten Zigarren. Auf dem Klavier steht der Name des renommierten Klavierbauerunternehmens Boisselot, das vom Sprössling einer Geigenbauerfamilie aus Montpellier gegründet wurde.

In der **zweiten Etage** zeugen die Möbel aus der Pariser Wohnung von Renée Sabatier d'Espeyran von der Kunstfertigkeit berühmter Tischler und Elfenbeinschnitzer des 18. Jh. und der Möbelmode vom Regency-Stil bis Anfang des 19. Jh. Ausgestellt sind auch Stücke aus der Sammlung, die der Antiquar **Jean-Pierre Rouayroux** dem Museum 2002 überließ.

Porzellan, Fayencen und Schmuck gewähren in den Vitrinen im Untergeschoss Einblick in die **Lokalgeschichte des Kunsthandwerks.** Zu sehen sind z. B. eine Gefäßserie aus den Apotheken von Montpellier und Gold- sowie Silberschmiedearbeiten, die in der Metropole des Languedoc seit dem 13. Jh. eine lange Tradition haben. 1427 gab es in Montpellier das erste **Gütesiegel**, einen Stempel mit einem Buchstaben des Alphabets, der sich jedes Jahr änderte und ab 1506 in ganz Frankreich die Qualität des verwendeten Metalls attestierte.

› 6 Rue Montpellieret, Tel. 0467148300, Tram: Comédie oder Corum, http://museefabre.montpellier3m.fr, Di, Sa, So 14–17 Uhr, Tickets im Musée Fabre 3, Eintritt im Ticket für das Musée Fabre enthalten

5 Pharmacie et Chapelle de la Miséricorde ★ [D3]

Zwei an ihrem Ursprungsort erhaltene **Apotheken** und **historische Gemälde** in der Kapelle erinnern an die Frauen und Ordensschwestern, die einst Armen, Kranken und Waisen halfen. Über der Tür hängt das Porträt der Stifterin **Anne de Conty d'Argencourt**, die das Haus 1715 der **Wohltätigkeitsvereinigung Miséricorde** zur Verfügung stellte.

1720, während der zweiten Pestepidemie im 18. Jh., wurde eine erste **Notapotheke** eingerichtet. Sie war an eine **Krankenstation** gekoppelt, in der sechs Allgemeinmediziner und sechs Chirurgen arbeiteten. In einem kleinen Labor mit Alambics aus Kupfer destillierten die Schwestern später aus Nizza angelieferte Rosen-, Orangen- und Lindenblüten zu Heilmitteln für die Atemwege oder zu ätherischen Ölen. Sie stellten auch Pomaden gegen Abszesse her.

Die **zweite Apotheke** mit Nussbaumholzschränken war von 1834 bis 1965 in Betrieb. Im 19. Jh. arbeiteten hier vier Mediziner. An einer Theke wurden die Rezepte angenommen, an der anderen die Medikamente ausgehändigt. Die über 240 Exponate – rare Keramikvasen, Fayencen und Flakons für Arzneien, stammen aus dem 18. Jh., als die Medizinhochburg Montpellier noch das regionale **Zentrum der Keramikproduktion** mit zahlreichen Töpferwerkstätten war.

Die Tribüne über dem Schiff der **Kapelle** von Anfang des 19. Jh. war den damals bis zu 250 aktiv engagierten barmherzigen Damen vorbehalten. Es kam auch vor, dass sie Jakobspilger hier übernachten ließen. Der Orden gab zwei Gemälde seiner barmherzigen Nonnen in Auftrag. Eines stammt von Eugène Devéria, einem Vertreter der französischen Romantik, das andere von seinem Schüler Auguste Barthélémy Glaize aus Montpellier.

› 1 Rue de la Monnaie, Tel. 0467679332, Di–So 11–13 und 14–18 Uhr, Eintritt (Kombiticket mit Musée du Vieux Montpellier 8) 3 €. Je nach Nachfrage auch Führungen auf Französisch (45 Min., Fr 14.30 und 16, Sa, So 14.30, Sa 16 Uhr, beide Museen 1½ Std.).

6 Basilique Notre-Dame des Tables ★★ [D3]

In der angesagten Rue de l'Aiguillerie mit Sprayer- und Tattoo-Shops sowie studentischen Cafés öffnet sich hinter einem kleinen Vorplatz mit Bäumen das Portal zu einer für die Stadtgeschichte spannenden Kirche. Der Name Notre-Dame des Tables stiftet oft Verwirrung, da die Stadtbewohner manchmal von der gleichnamigen romanischen Kirche sprechen, die einst an der Place Jean Jaurès stand und bereits eine wichtige Station auf dem Jakobsweg nach Santiago de Compostela war, 1794 aber zerstört wurde.

Nach der Französischen Revolution veranlasste **Jean-Antoine Chaptal**, damals Bürgermeister von Montpellier, den Umbau der Kapelle des Jesuitenklosters, das heute das Musée Fabre beherbergt, zur neuen Kirche Notre-Dame des Tables, in der die Statue **„Unserer Lieben Frau“**, eine schwarze Marienstatue mit Kind, die Schutzpatronin Montpelliers, wie schon seit dem Mittelalter verehrt werden sollte. Eine Holzskulp-

Notre-Dame des Tables ist barock ausgestaltet

015mo-ps

tur (13. Jh.) dieser heiligen Madonna ist heute im Musée du Vieux Montpellier 8 ausgestellt. 1939 erhob der Papst die Kirche zur Basilika.

Die **Fassade** stammt noch von Jean Giral, dem Architekten der einstigen Jesuitenkirche. 1992 wurde in der barock umgestalteten Kirche ein **Deckenfresko** entdeckt und restauriert. Es wird Jacques Giral zugeschrieben, dem königlichen Hofmaler und Bruder des Architekten. Die große **Orgel** von 1751 steht unter Denkmalschutz. Den **Hauptaltar** aus vielfarbigem Marmor schuf der Bildhauer Baussan. **Statuen** erinnern an Bischof St. Firminius von Uzès und den heiligen Rochus, der auch in einer Kapelle mit seinem Hund abgebildet ist. Eine weitere Kapelle ist dem heiligen Antonius von Padua geweiht, der einige Jahre in Montpellier lebte.

› 43 Rue de l'Aiguillerie, Di–Sa 15–18 Uhr

7 Chapelle des Pénitents Blancs ★ [D4]

Der Bogen, der die Straße in Höhe der Kirche überquert, stammt aus dem 15. Jh. und ist ein Überrest der **Chapelle Ste-Foy**, die sich ursprünglich hier befand. Er ermöglichte einst dem Priester, unbehelligt und ungesehen von seiner Unterkunft im Hôtel des Trésoriers de France gegenüber in die Kirche zu kommen. Die romanische Chapelle Ste-Foy fiel den Religionskriegen zum Opfer. Ab 1622 errichtete die katholische Bruderschaft der **Weißen Büßer** auf ihren Grundmauern die heutige Kapelle. Zuerst hatte sie nur weiße Wände und Zeitgenossen nannten sie spöttisch „Lagerhalle". Nach und nach wurde sie mit Kunst ausgestattet, die „den Büßenden zum Gebet führen sollte". Nach der Französischen Revolution kaufte die Bruderschaft sie 1804 zurück und ließ sie mehrmals erweitern, üppig barock gestalten und renovieren.

Maler aus Montpellier realisierten die vergoldete **Kassettendecke** aus Holz, die dieser Kirche den euphorischen Beinamen **„Sixtinische Kapelle des Languedoc"** eintrug. Die stark nachgedunkelten Malereien stellen das Leben Jesu und die vier Evangelisten dar. Die Medaillons und Malereien über den Fenstern schuf Antoine Ranc. Sehenswert sind auch die Malereien zu biblischen Themen am unteren Teil der Wände und die vergoldeten Holzskulpturen auf dem Hauptaltar.

› 14 Rue Jacques Cœur, Messe Di 19 Uhr, zu besichtigen Sa 15–19 Uhr, um 18 Uhr kostenlose Führungen auf Französisch, www.penitents.fr

8 Musée du Vieux Montpellier und Musée Fougau ★★ [C3]

Das **Museum des alten Montpellier** im ersten Obergeschoss des **Hôtel de Varennes** residiert in sieben Sälen einer Wohnung mit originalen Holzdecken aus dem 18. Jh. **Porträts** bedeutender Maler, Persönlichkeiten und Bischöfe, **Mobiliar** und **Kunstgegenstände** stammen aus dem Besitz von Hochadel, Stadt und Klerus. Eines der Highlights für Kunstliebhaber ist die **Jungfrau mit Kind aus dem 13. Jh.**, eine Holzskulptur der schwarzen Madonna, die in der ehemaligen Kirche Notre-Dame des Tables verehrt wurde.

Zwei **historische Stadtpläne** erinnern an die Belagerung von Montpellier im Jahr 1622 durch die königliche Armee und an die Entwicklung von Zitadelle, Promenade du Peyrou und Place Royale unter dem Einfluss der Krone. Das Schiff **„Le Languedoc"**, dessen Modell ausgestellt ist, bekam König Ludwig XV. im Jahr 1761 im Siebenjährigen Krieg geschenkt. Später soll es bis nach Amerika gesegelt sein. In dem vergoldeten Kabinettschrank lagerte bis zur Französischen Revolution ein Teil des städtischen Archivs.

Die sakralen Objekte im **Saal der Prozessionen** stammen größtenteils aus dem Besitz der beiden Büßerbruderschaften von Montpellier. Die Pénitents Blancs siedelten sich im 16. Jh. in der Stadt an, die Pénitents Bleus im 18. Jh.

Beim Flanieren durch den **Saal des 18. Jh.** trifft man auf die Holzskulptur eines Löwen, der früher das Eingangstor des Jardin du Peyrou schmückte. Kuriosität im **Saal der Revolution:** zwei Originalsteine aus dem Gefängnis der Bastille in Paris. Nachgebildet ist auch das Büro des Bürgermeisters **Jules Pagézy** (1802–1882), der nach Pariser Vorbild breite Straßen schuf, die lange Sichtachsen bildeten, und die Place de la Comédie ❶ erweitern ließ.

Im **Kaminzimmer** ist der Boden der einstigen Küche noch erhalten. Ein Blick an die Wand erinnert an das *jeu de mail,* eine Art Urform des Golfs, die Montpelliers Adel seit dem 16. Jh. spielte.

› **Musée du Vieux Montpellier,** 2 Pl. Pétrarque, Tel. 0467660294, Di–So 10–12 und 13–18 Uhr, Eintritt (Kombiticket mit Pharmacie et Chapelle de la Miséricorde ❺) 3 €, Führungen möglich

Wer etwas über das **Alltagsleben im alten Montpellier** erfahren möchte, klopft am Apartment im zweiten Obergeschoss des Hôtel de Varennes. An der Tür steht **Musée Fougau** und ein Hinweis darauf, dass man hier **Okzitanisch** lernen kann. Einlass gewährt einer der Freiwilligen des **privaten Museums.** Die Mitarbeiter des **Vereins Lou Parage** geben gern Erklärungen (auf Französisch) zu von Stadtbewohnern gespendeten Ausstellungsstücken oder man flaniert einfach durch die authentischen Räume der Wohnung aus dem 18. Jh. mit Kaminzimmer, Stuck an der Decke und knarrenden Dielen. Zu entdecken gibt es **Mobiliar, Volkstrachten, Puppen, historische Karten, Gemälde,** u. a. vom Winzeraufstand 1907, und sogar eine der ersten Waschmaschinen von 1960, deren Trommel noch von Hand gedreht wurde.

„Fougau“ ist Okzitanisch und bedeutet „das Heim“ *(le foyer).* Der Name des Vereins Lou Parage, der dieses nostalgische Heimatmuseum bereits seit 1932 am Leben erhält, steht für „Gleichheit durch Talent, Arbeit und Willenskraft“ und ist an den in Vergessenheit geratenen Begriff „dame de haut parage“ aus der ritterlichen Gesellschaft des Mittelalters angelehnt, in der eine hohe gesellschaftliche Position in Okzitanien durch den „Adel des Herzens und des Geistes“ erreicht werden konnte. Außer dem Museum führt der Verein die Okzitanisch-Sprachschule **L'Escòla dau Parage.**

› **Musée Fougau,** 2 Pl. Pétrarque, Tel. 0467843158, Mi, Do 14–17 Uhr, Eintritt frei

❾ Mikvé ★ [C3]

In Montpellier ließen sich **andalusische Juden** nieder, die Mitte des 12. Jh. nach dem Goldenen Zeitalter des friedlichen Zusammenlebens in Al Andalus von den fanatischen Almohaden vertrieben worden waren. Etwa 500 bis 1000 Juden sollen etwa 200 Jahre lang in der Stadt gelebt haben, bis Philipp VI. ab 1306 mit ihrer Vertreibung begann.

Die Stadt restaurierte die Mikvé, das **jüdische Bad** aus dem 13. Jh., zu ihrem 1000-jährigen Jubiläum im Jahr 1985. Eine Treppe mit 15 rituellen Stufen führt hinab zum früheren Umkleideraum, wo es Schränke und wärmende Feuerstellen in Wandnischen gab. In einem unterirdischen Gewölbe wird anschaulich, wie hier früher gebadet wurde. Treppenstufen führen in das saubere, bläulich schimmernde Wasser in einem rechteckigen Becken mit 3,4 m Durchmesser. Das Wasser gelangt durch den Grundwasserspiegel und unterirdische Quellen auf natürliche Weise in das Becken. Durch ein Loch in der Decke kam einst Licht in das Bad und es wurden wohl auch Gegenstände zum Reinigen abgeseilt, jedenfalls deuten archäologische Funde von Scherben darauf hin, die von historischen Vasen und Tellern stammen. Vorwiegend diente das Bad der **rituellen Reinigung jüdischer Frauen.**

› 1 Rue Barralerie, nur bei einer Führung des Office de Tourisme zu besichtigen (s. S. 113)

10 Place de la Canourgue ★★ [B3]

Caféterrassen, die sich schon mittags füllen, säumen den grünen Platz auf einem Plateau oberhalb der Kathedrale 11. Bei warmem Wetter zieht er Straßenmusiker, Studenten und Nachtschwärmer an. Es hätte anders kommen können, denn nach den Zerstörungen der Religionskriege wollte der Bischof von Montpellier hier eine riesige neue Kathedrale errichten lassen. Die Bauarbeiten zur Vergrößerung des Platzes begannen 1623, doch sechs Jahre später ließ Richelieu sie stoppen und verfügte den Wiederaufbau der Kathedrale an alter Stelle. Die erhöhte Lage der Place de la Canourgue erschien ihm angesichts möglicher erneuter Angriffe der Protestanten zu riskant. Würde die Kathedrale eingenommen, wäre die königliche Armee in der Zitadelle direkt in der Schusslinie gewesen. Der Name Canourgue ist von *Canorga* abgeleitet, dem okzitanischen Wort für *chanoine* („Domherr").

Bereits im 12. Jh. stand auf dem Platz die **Église de la Canourgue,** in der Reliquien aus Palästina verehrt wurden. Von 1609 bis 1621 befand sich hier dann eine **romanische Kirche der Bruderschaft der Weißen Büßer** mit einer Krypta. Bei Ausgrabungen im Jahr 1964 wurden Überreste der beiden Kirchen und menschliche Knochen gefunden. Bevor sich das gesellschaftliche Leben an die Place de la Comédie verlagerte, war die Place de la Canourgue die Bühne des städtischen Geschehens und Flaniermeile der Bewohner.

Étienne d'Antoine, der Bildhauer der drei Grazien des Brunnens an der Place de la Comédie 1, gestaltete 1776 den Einhorn-Brunnen **Fontaine de la Licorne.** Das Fabeltier schmückte das Wappen eines Feldmarschalls aus der Nachbarstadt Castries, dem der Brunnen an der Place de la Canourgue gewidmet ist. Der Marquis de Castries hatte 1760 im Siebenjährigen Krieg beim Kloster Kamp in Westfalen eine entscheidende Schlacht gegen die Preußen gewonnen. Der Brunnen wurde vor dem **Hôtel Richer de Belleval** platziert, einem der schönsten Häuser am Platz und von 1816 bis 1971 Rathaus der Stadt. Anfang des 17. Jh. war das Hôtel die Prunkvilla von Pierre Richer de Belleval, dem Gründer des Jardin des Plantes 19. Heute ist es ein Luxushotel mit dem Sternerestaurant Jardin des Sens der Chefköche Jacques und Laurent Pourcel (s. S. 70).

› Tram: Place Albert I.

⑪ Cathédrale St-Pierre ★★★ [B3]

Vier Türme lassen die Kathedrale wehrhaft wirken. Bei einer Führung hat man vom Glockenturm einen schönen Panoramablick über die Dächer der Stadt. Im Kirchenschiff erwarten Besucher sehenswerte Gemälde der Gegenreformation.

Sinn und Zweck des auffälligen **Baldachins an der Westfassade,** einem gotischen Gewölbe, getragen von zwei monumentalen Pfeilern mit 4,50 m Durchmesser, gibt dem Betrachter Rätsel auf. Errichtet wurde er wohl zu Ehren der Päpste aus dem nahen Avignon und die Pfeiler erinnern an die Säulen in den Sälen des dortigen Papstpalasts. Der Baldachin entstand als repräsentatives Beiwerk, als Montpellier 1536 zum Bischofssitz wurde und man die ursprüngliche Kirche des benachbarten Benediktinerklosters zur Kathedrale ausbaute.

Im 16. Jh. wurde die Kathedrale zum **Fort St-Pierre,** einem Bollwerk gegen die Protestanten. 1561 drang hier nach einer Belagerung während der Religionskriege durch eine Bresche in der Mauer eine Menschenmenge auf der Suche nach Zuflucht ein. Nach dieser Nacht wurde die Kathedrale zerstört und geplündert, wie alle anderen Kirchen und Klöster Montpelliers. Bis heute zeugen Einschusslöcher im Tour du 25 von den heftigen Kämpfen.

1567 griffen die Protestanten nochmals an. Ein Turm und mit ihm ein großer Teil des Gebäudes stürzten ein. Von diesem Zeitpunkt bis zur Belagerung der Hugenottenhochburg Montpellier durch **Ludwig XIII.** vom 31. August bis zum 19. Oktober 1622 suchten die Mönche in Villeneuve-lès-Maguelone und Frontignan Zuflucht. Der katholische König ließ die Kathedrale anschließend wieder aufbauen.

MEIN TIPP

Pause mit Kaffee oder Health Food

Napoleon Dynamite – das Café heißt wie der Protagonist der gleichnamigen US-amerikanischen Filmkomödie, eine Lieblingsfigur der Inhaber, die es über Avignon aus Paris nach Montpellier verschlagen hat. Die Deko ist modern, die Terrasse liegt an einem der schönsten Plätze der Stadt. Bestellen kann man gesunde Superbowls, herzhaft oder süß. Die Greenbowl ist die Salatversion. Auch das hausgemachte Gebäck ist lecker.

③ [B3] **Napoleon Dynamite,** 5 Pl. de la Canourgue, Tel. 0788511592, Mo–Fr 9.30–18, Sa, So 10–18.30 Uhr, Brunch Sa, So 11.30–15 Uhr

Im 17. Jh. stürzte der Baldachin hinab. Da niemand zu Schaden gekommen war, baute man ihn innerhalb von zwei Jahren wieder auf.

Die im 14. Jh. im für das Languedoc typischen Stil der meridionalen Gotik errichtete Kapelle des ursprünglichen Benediktinerklosters wurde ab 1536 zu einer zunehmend monumentalen Kathedrale umgebaut. Das 95 m lange **Kirchenschiff** aus dem 14. Jh. wurde um das Doppelte verlängert und 27 Meter hoch. Die Baumeister gestalteten die **größte Kirche des Languedoc** nach nordfranzösischem Vorbild, zu erkennen an den großen Buntglasfenstern, der Rosette und dem Fassadenschmuck. Im 18. Jh. bekam sie einen neuen Chor. Beim Ausbau im 19. Jh. unter der Leitung eines Schülers des berühmt-berüchtigten französischen Architekten und landesweit tätigen Restaurators Eugène Viollet-le-Duc, der sich nicht immer an Originalvorlagen hielt, wurden die Überreste des sogenann-

016mo-ps

ten Coretto Choretto integriert, des Kreuzgangs des ehemaligen Klosters.

In der strengen einschiffigen Kathedrale erinnert ein marmornes Mausoleum in einer Kapelle an den **Kardinal de Cabrières**, der den Winzern und ihren Familien, die 1907 während der Winzerrevolte (s. S. 104) sehr heftig in Montpellier demonstrierten, die Türen der Kathedrale und der Kirchen als spontane Herberge öffnete, weil es an jenem Tag bitterkalt war.

François-Xavier Fabre, der Gründer des Musée Fabre ❸, spendete einen Altar mit einer Jungfrauenskulptur aus Carrara-Marmor. Der mit ihm befreundete Bildhauer Emilio Santarelli kam extra aus Florenz, um sie anzufertigen. Über der **Orgel** von 1776 schweben musizierende Engelsfiguren. Das Instrument imponiert mit 140 sichtbaren Orgelpfeifen und klingt fantastisch, auch dank der weiteren 5000, den Blicken verborgenen Pfeifen.

Das Gemälde **„Der Fall des Magiers Simon“** („La Chute de Simon le Magicien“) war mit 7 x 9 m im Jahr 1658 das erste **Monumentalwerk**, das die Bewohner Montpelliers je zu Gesicht bekamen. Bischöfe der Gegenreformation gaben es nach den Religionskriegen bei **Sébastien Bourdon** (1616–1671) in Auftrag. Der Maler des berühmten Porträts „L'Homme au ruban noir“, das im Musée Fabre hängt, gilt als erster Vertreter der Malerschule École de Montpellier des 17. Jh. Er war als ehemaliger Hofmaler der Königin Christina von Schweden und Professor der Pariser Akademie international bekannt, aber er war Hugenotte. Dennoch nahm er eine Auftragsarbeit an, die den Sieg der Katholischen Kirche und des Papsttums über die Häresie der Protestanten feiern sollte. Der Maler illustrierte die biblische Legende über den Tod von Simon Magus, der das Ketzertum repräsentiert. Das Gemälde zeigt etwa 30 Personen, darunter Nero, der rechts auf seinem Thron sitzt, die Apostel Petrus und Paulus sowie Simon, der von der Säule des Kapitols gesprungen ist, um zu beweisen, dass er fliegen kann. Die feurigen Farben und die Schlange symbo-

⌃ *Monumental und kurios zugleich: der Baldachin vor der Kathedrale*

lisieren das Böse – den Teufel. Der Betrachter ahnt das dramatische Ende: Simon wird zu Tode stürzen, in die in der Bildmitte klaffende Leere.

Sein Selbstporträt, zugleich die damals übliche Signatur des Künstlers, setzte der Maler nicht auf die Seite von Petrus, sondern auf die Seite Simons, des Häretikers.

Ein weiteres Gemälde in der Kathedrale, **„Petrus und Johannes heilen einen Gelähmten vor dem Tempel in Jerusalem"**, stammt von **Jean de Troyes** (1638–1691), dem Toulouser Spross einer alten Malerdynastie aus dem Languedoc, der sich in Montpellier einen Namen machte. Seinen zweiten Auftrag **„Schlüsselübergabe an Petrus"**, eine Huldigung an das Papsttum, überlebte er nicht mehr. **Antoine Ranc** (1634–1716), dessen Sohn Jean Hofmaler des spanischen Königs Felipe IV. wurde, malte das Werk bis 1692 zu Ende.

› Pl. St-Pierre, www.cathedrale-montpellier.fr, Mo–Fr 10.30–11.45 und 14.30–18, Sa 14.30–18 Uhr, Tram: Louis Blanc, Führung mit Turmbesteigung über das Office de Tourisme (s. S. 113)

⑫ Faculté de Médecine ★★★ [B3]

Die alte medizinische Fakultät mit dem Conservatoire de l'Anatomie und dem Musée Atger mit Zeichnungen von Fragonard bis Veronese ist sehr sehenswert, wird allerdings momentan umfangreich renoviert. Bis zur Wiedereröffnung sind nur Führungen mit dem Office de Tourisme möglich.

Jean-Antoine Chaptal, ein Chemiker, der in Montpellier Medizin studiert hatte, wurde unter Napoleon Innenminister und gründete nach der Französischen Revolution die drei **Écoles de Santé** Frankreichs (Montpellier, Paris und Straßburg). In Montpellier zog die Medizinschule in den ehemaligen Bischofssitz neben der Kathedrale. Das Gebäude geht auf das von Papst Urban V. 1364 ins Leben gerufene Benediktinerkloster zurück und war ab 1536, als der Bischof von Maguelone seinen Sitz nach Montpellier verlegte,

017mo-ps

Im Hof des früheren Bischofspalasts: das Theatrum Anatomicum (s. S. 36) von 1804

Nostradamus, Rabelais, Hippokrates – ein Stück Uni-Geschichte

Der italienische Dichter und Humanist Francesco Petrarca, der für seine Prophezeiungen bekannte Nostradamus und der Schriftsteller und Arzt François Rabelais haben in Montpellier studiert. Die medizinische Fakultät der Stadt ist die älteste Europas, in der heute noch gelehrt wird – so die kleine Einschränkung. Gegründet wurde sie 1220 – noch vor Bologna, Padua, Oxford und Salamanca. Noch älter ist nur die medizinische Fakultät von Salerno in Süditalien (10. Jh.), die aber nur bis zum 19. Jh. existierte.

Schmelztiegel mediterraner Kulturen

Nach einem bahnbrechenden Erlass von Guilhem VIII. durfte ab 1180 jeder in Montpellier Medizin unterrichten, egal, woher er stammte und wer er war. Ärzte aus der jüdischen und arabischen Welt konnten in Montpellier trotz der Opposition der Katholischen Kirche lehren. In Zeiten des Handels mit Gewürzen, Papier und exotischen Früchten verschlug es auch Gelehrte der Universität von Salerno bis nach Montpellier, die ihr Wissen über heimische Heilpflanzen und Kräuter weitergaben. Zwischen Italien und Spanien wurde Montpellier zum Schmelztiegel des Wissens der Mittelmeerkulturen.

Aus dem arabischsprachigen Andalusien kamen von den Almohaden vertriebene Juden. Jüdische Übersetzer übertrugen in Montpellier Texte aus der griechischen und römischen Antike vom Arabischen ins Hebräische und Lateinische, der Basis für die Weiterübersetzung ins Okzitanische. Einige Mitglieder der berühmten Übersetzerdynastie der Tibbonides waren zugleich Philosophen und Ärzte.

Zum Medizinstudium gehörten geisteswissenschaftliche Fächer wie Theologie, Rhetorik, Literatur, Poesie. Unterrichtet wurde bei Privatlehrern und in Kirchen, bis der französische König Ludwig XII. 1498 das Bedürfnis nach Kontrolle hatte und das Collège Royal de Médecine gründete. In einer Straße

018mo-ps

abseits aller Hektik, der damaligen Rue du Bout du Monde („Straße am Ende der Welt"), ließ der Dekan Guillaume Rondelet, Zeitgenosse und Freund Rabelais', Anatom, Botaniker, Meeresbiologe und Leibarzt eines Kardinals, 1551 Frankreichs erstes medizinisches Amphitheater bauen, in dem er vor Studenten selbst sezierte. Heute residiert hier in einem modernen Gebäude das Kunstzentrum MO.CO. Panacée (s. S. 64).

Hippokratischer Eid und eine Städtepartnerschaft

Rabelais, der 1537 in Montpellier seinen Doktortitel machte, organisierte Studentenfeste und schrieb an seinem Mammutwerk „Pantagruel und Gargantua", das dem Genuss und der Kulinarik huldigt und für die französische Literatur so wichtig ist wie Don Quijote für die spanische. Auch las er Platon, Aristoteles und Hippokrates im altgriechischen Original. Die Übersetzer hätten „Hippokrates eher verraten als übersetzt," schrieb er. Doch die hippokratische Lehre, eine vorbeugende Lebensweise auf der Basis der Harmonie von Körper, Geist und Umwelt und einer gesunden Ernährung setzte sich durch. In einer Zeit, als noch viele Menschen Krankheiten für eine Strafe Gottes hielten, galt der Eid des Hippokrates in Montpellier als erster medizinischer Kodex.

Die hippokratische Lehre überdauerte die arabische Medizin, die ab dem 17. Jahrhundert in Europa keine Rolle mehr spielte. Nach der Französischen Revolution propagierte Jean-Antoine Chaptal „Olim Cous nunc Monspeliensis Hippocrates" („Früher war Hippokrates aus Kos, heute ist er aus Montpellier"), dabei existierte Montpellier noch gar nicht, als Hippokrates im 5. Jahrhundert in Griechenland geboren wurde. Der mit der Schlange umwickelte Äskulapstab, seit der griechischen Antike ein Symbol für Heilkunst, wurde zum Symbol der medizinischen Fakultät, materialisiert in 30 kg massivem Silber, das bei Prozessionen erst einmal getragen werden musste. Seit 2010 besteht eine Städtepartnerschaft zwischen Montpellier und Kos.

☒ *Die Ärzte der Könige flankieren den Eingang zur Fakultät*

Besser zum Barbier als zum Arzt

Molière nahm im 17. Jahrhundert nicht nur den „Eingebildeten Kranken" aufs Korn, sondern ließ seine Protagonisten zur Ader und rügte die Ärzte, die ihre Patienten im Wartezimmer sitzen ließen, bis sie starben. Im Notfall gingen seine Zeitgenossen zum Barbier. Ärzte waren damals Geisteswissenschaftler ohne praktische Fertigkeiten, während Barbiere sich mit dem Stillen von Blutungen und Verbinden von Wunden auskannten. Aus Bartschneidern und Verbandanlegern entwickelten sich Chirurgen, die bis Mitte des 18. Jahrhunderts fast alle Analphabeten waren und von den Latein parlierenden und belesenen Ärzten nicht zum Studium zugelassen wurden.

Zum akademischen Aufstieg verhalf ihnen im 18. Jahrhundert François de Lapeyronnie, Sohn eines Barbiers und schon mit 17 Jahren Chirurg. Mit dem Arzt des Königs, einem Freund seines Vaters, ging er an den Hof von Versailles. Später bildete er in Montpellier im Hôpital St-Éloi, damals in der Rue de l'Université, Chirurgen aus. 1712 operierte er viermal einen Kardinal aus Rom, dem er an der Stirnseite einige Schädelknochen durch eine Prothese aus Silber ersetzte. (Die Anästhesie wurde erst im 19. Jahrhundert erfunden!) Der Kardinal lebte weitere 15 Jahre. Ludwig XV. rief den talentierten Chirurgen an seinen Hof und später ließen sich unter anderem der russische Zar und der König von Polen von ihm operieren.

François de Lapeyronnie wurde sehr reich und hinterließ Montpellier nach seinem Tod im Jahr 1747 Geld für den Bau des anatomischen Theaters St-Côme (32 Grand Rue Jean Moulin), das bis 1794 genutzt wurde und heute die Handelskammer beherbergt. Er begründete die Chirurgie als universitäres Fach, das zuerst in Montpellier und Paris gelehrt wurde. Zeit seines Lebens von den Ärzten verachtet, schrieb er sich an der medizinischen Fakultät ein, um doch noch seinen Doktortitel zu machen, aber vor der Prüfung starb er. Hyacinthe Rigaud, Porträtmaler aus Perpignan, verewigte ihn auf einem Gemälde mit seinem Titel, aber ohne die rote Medizinerrobe.

Frauen in der Medizin

Heute machen in Montpellier mehr Frauen als Männer ihren Doktortitel. Dabei wurden sie noch Jahrhunderte länger diskriminiert als die Chirurgen. Zu den ersten weiblichen Medizinstudentinnen in den 1880er-Jahren gehörte die preußische Jüdin Glafira Ziegelmann. Die brillante Studentin wurde zwar Gynäkologin, aber den Titel und das Recht zu lehren verweigerte man ihr. Ein mit ihrem Ehemann Professor Gaussel befreundeter Porträtmaler platzierte sie im Porträt ihres Gatten. Ein Schwarz-Weiß-Foto von ihr ist in einem der öffentlich zugänglichen Flure der Fakultät mit anderen historischen Objekten in einer Vitrine ausgestellt.

zum Bischofspalast ausgebaut worden. Seine lange, im 18. Jh. restaurierte Fassade schließt sich an die Kathedrale an. Den Eingang säumen **Bronzeskulpturen** von François de la Lapeyronnie, dem Arzt Ludwigs XV., und Paul-Joseph Barthez, dem Arzt Ludwigs XVI. und Napoleons I.

In der **Eingangshalle** erinnern Büsten an **bedeutende Ärzte von der Antike bis heute.** Vom Innenhof erblickt man die Seitenwand der Kathedrale und ein paar Zypressen vor dem **Theatrum Anatomicum**, dem anatomischen Theater, einer Sezierhalle mit Hörsaal, die Chaptal 1804 bauen ließ.

Über die Treppe links geht es von der Eingangshalle hinauf zum **Musée Atger.** Zur Sammlung gehören Werke illustrer flämischer, italienischer und französischer Maler, unter anderem 56 Zeichnungen von Natoire, 23 von Tiepolo und etliche weitere, etwa von Rubens, Fragonard und Paolo Veronese. Von Raymond de la Fage, der zum Beispiel in Schlachtszenen die menschliche Anatomie in Bewegung erfasst, sind neun Zeichnungen vertreten. Wahre Schätze hängen in Glasrahmen in Schränken, die man selbst öffnen und wie ein Buch durchblättern kann, was eine Betrachtung aus großer Nähe ermöglicht.

Für die **Bibliothek**, eine Etage höher, beauftragte Chaptal den Mediziner und Bibliothekar Victor Gabrielle Prunelle, so viel Literatur wie möglich für die fachliche und allgemeine Bildung des Ärztestands zusammenzutragen. Heute besitzt die Bibliothek über 100.000 historische Bücher, u. a. aus dem Mittelalter, der „Roman de la Rose", „Parzival", Musikpartituren aus dem 13. Jh., Grammatik für 30 Sprachen, u. a. Tibetisch, alte Bibeln und Bücher, die während der Revolution in Schlössern und Kirchen konfisziert wurden. Drei Wände sind mit Doktorarbeiten tapeziert, die seit dem 17. Jh. an der Fakultät geschrieben wurden.

Das **Conservatoire de l'Anatomie** eröffnete 1852 in einem Gebäude des Architekten Pierre-Charles Abric gegenüber von Fakultät und Jardin des Plantes, der von Anfang an von der medizinischen Fakultät verwaltet wurde. In Sälen mit Säulen und Stuck wird in Glasvitrinen und hohen Regalen Medizingeschichte bewahrt: Ab 1792 musste jeder Absolvent der École de Santé als Abschlussarbeit eine anatomische Studie anfertigen. Hinzu kamen Geschenke von Ärzten und Chirurgen, die seltene pathologische Fälle für die Nachwelt dokumentieren wollten. Heute hütet das Konservatorium um die **13.000 Objekte**, ein Fundus der Erkenntnis und zugleich ein Horrorkabinett der Medizin früherer Zeiten – Seziermodelle aus Wachs, insbesondere die Kunstwerke aus Bienenwachs des Florentiners Felice Fontane, Modelle aus Gips oder Pappmaschee, menschliche Schädel, missgebildete Gliedmaßen, dokumentierte Krankheitsbilder wie Syphilis, in Formalin eingelegte Organe und Embryonen in Gläsern, Skelette, zoologische und archäologische Exponate für vergleichende anatomische Studien etc. Haken an der Wand erinnern an die Vorhänge, die früher verhinderten, dass Besucher alles sahen.

Seit 2017 die neuen Unigebäude außerhalb der Innenstadt fertig wurden, fungiert die historische Faculté de Médecine nur noch als **Verwaltungssitz** der medizinischen Fakultät. Seit 2018 wird sie renoviert und zu einem Museum ausgebaut.

› **Faculté de Médecine,** 2 Rue de l'École de Médecine, Tram: Place Albert I., **derzeit wegen Renovierung geschlossen,** nur Führungen des Office de Tourisme (s. S. 113) sind möglich, Infos unter www.umontpellier.fr/en/universite/patrimoine/musees/musee-danatomie
› **Musée Atger,** 2. Etage, www.umontpellier.fr/en/universite/patrimoine/musees/musee-atger, Tel. 0434433580, **derzeit wegen Renovierung geschlossen**
› **Bibliothek,** 1. Etage, Mo–Fr 9–17 Uhr (Mitte Juli–Mitte Aug. geschl.)

⓭ Tour des Pins ★ [B2]

Die kleine Grünfläche mit Schatten spendenden Zypressen und dem Tour des Pins, einem **Turm der mittelalterlichen Stadtmauer** aus dem 12. Jh., ist eine Oase der Erholung. Von einst 25 Türmen der Stadtmauer ist außer dem Tour des Pins heute nur noch der Tour de la Babote ⓲ übrig.

1562 fanden die Protestanten im Tour des Pins Zuflucht. Während der Französischen Revolution war der Turm ein Gefängnis und Anfang des 19. Jh. eine Nonnenschule. Besichtigen kann man ihn leider nicht, denn zwei seit Jahrhunderten bestehende **aristokratische Bruderschaften** haben hier ihren Sitz.

Kurios: Oben auf dem Turm wachsen noch immer ein bis **zwei Pinien,** die notfalls von der Stadt ersetzt werden, was zuletzt 1960 geschah. Nostradamus, der in Montpellier studierte, prophezeite den Niedergang der Stadt, sollten diese Pinien einmal verschwinden. Bereits 1828 stürzte in der Tat einer der Bäume ab, doch der Verteidigungsturm und die Metropole des Languedoc überdauerten.

› 12 Blvd. Henri IV, Park tgl. 8–20, Juni/Aug. bis 21.30, Nov.–Febr. bis 18 Uhr, Tram: Place Albert I.

Südliche Altstadt

Zwischen nördlicher und südlicher Altstadt führen alle Wege an einem Dreieck vorbei. Es besteht aus der **Place Chabaneau** [C3], der Markthalle **Halles Castellane** (s. S. 87) und der **Place Jean Jaurès** ⓮ und versprüht mit seinen Café- und Restaurantterrassen eine fast schon magische Atmosphäre. Wenige Schritte Richtung Süden sind in der Nähe der Place Ste-Anne einige Geigenbauer zu Hause, die an Violinen, Celli und Bratschen für internationale Profimusiker arbeiten (s. unten).

Zwischen Cafés und Boutiquen weisen ab und zu Schilder und Aushänge auf **Vernissagen** oder **Events** hin. Die südliche Altstadt atmet an jeder Ecke Atmosphäre und bietet viele Ausgehadressen, Galerien und Geschäfte. Eine der schönsten Straßen mit in langer Reihe eng zusammenstehenden einstigen Adelspalästen ist die marmorgepflasterte Poststraße **Rue de l'Ancien Courrier** [C4]. An ihrem Ende trifft sie auf die **Grand Rue Jean Moulin** [C5–D4], eine breitere Fußgängerzone, an der auch das **Hôtel St-Côme** (Nr. 32) zu bewundern ist, unter dessen achteckiger Kuppel im 18. Jh. an Seziertischen Chirurgie gelehrt wurde. Heute ist das Gebäude Sitz der Handelskammer (nicht von innen zu besichtigen).

Durch die Gassen des **Szeneviertels St-Roch** entlang der Rue Alexandre Cabanel lohnt ein Streifzug bis zum **Tour de la Babote** ⓲. Händler haben gemeinsam bunte Fähnchen über die engen Straßen mit ihren kleinen Restaurants, Vintage- und Kunsthandwerk-Shops gespannt, damit sie leichter zu finden sind.

019mo-ps

KURZ & KNAPP

Geigenbauer-Stadt

In Montpellier arbeiten einige **Geigen- und Bogenbauer.** Sie zogen bereits Musiker von internationalem Rang in die Stadt, von David Garrett über Natalia Lomeiko vom Royal College of Music in London bis zu Igor Ozim, der am Mozarteum der Universität Salzburg lehrt. Ihre Instrumente, darunter auch Celli und Bratschen, kosten ab 25.000 € aufwärts und rund einen Monat Arbeit eines Spezialisten.

Der renommierte Geigenbauer **Frédéric Chaudière** bildete in Montpellier mehrere deutsche Geigenbauer aus. Bis 2020 hatte er sein Atelier im Hôtel Magnol (10 Rue du Bayle), der Villa, die einst Pierre Magnol (s. S. 43) gehörte, jenem Arzt und Botaniker, nach dem im 18. Jahrhundert die Magnolie benannt wurde. Inzwischen ist Frédéric Chaudière nach Valflaunès gezogen.

14 Place Jean Jaurès ★★ [C4]

Vor 1000 Jahren war hier das **Zentrum einer blühenden Handels- und Universitätsstadt.** Auch heute geht es auf den Caféterrassen um die Statue von Jean Jaurès bis in den späten Abend lebhaft zu.

Der Platz an der Rue de la Loge ist seit der Winzerrevolte von 1907 nach dem Sozialisten und Politiker **Jean Jaurès** benannt, der sich auf die Seite der Winzer des Midi Rouge (Roten Südens) stellte und sie mit einer Rede unterstützte. Hier trafen schon im Mittelalter die Straßen aus Toulouse, Nîmes und von der Küste zusammen und hier spielte sich der Handel mit Gewürzen und exotischen Waren aus den Ländern rund ums Mittelmeer ab. Geldwechsler bauten täglich ihre Tische vor der Kirche am Platz auf, in der eine schwarze Madonnenstatue verehrt wurde, die **Guilhem VI.**, ein Spross aus Montpelliers erster Stadtgründerdynastie, von einem Kreuzzug mitgebracht hatte. Den **Madonnenkult** und den Namen der Kirche übernahm nach der Französischen Revolution die Basilika Notre-Dame des Tables 6 hinter dem Musée Fabre 3. Die Krypta der ursprünglichen Kirche an der Place Jean Jaurès ist noch erhalten, aber nicht zu besichtigen.

› Tram: Comédie

15 Hôtel des Trésoriers de la Bourse ★ [C4]

Die Stadtvilla mit zwei schönen Innenhöfen ist Sitz des **Maison de Heidelberg,** das den kulturellen Austausch von Deutschen und Franzosen fördert. In dem vom Architekten **Jean**

Das Denkmal für Jean Jaurès auf dem lebhaften, nach ihm benannten Platz

Mein Tipp

Eiskreationen zum Dahinschmelzen

Passionsfrucht, Pampelmuse, *verveine* (Eisenkraut) oder Melone – egal, ob im Eisbecher oder zum Mitnehmen in der Waffel, die Aromen des Südens zerschmelzen erfrischend auf der Zunge. In dieser Eisdiele gibt es auch hausgemachte Eiskaffees, Eistees, Milchshakes und heiße Schokolade. Ideal für eine Stärkung zwischendurch.

4 [C4] **La Banquise,** 1 Rue des Multipliants, www.labanquisemontpellier.fr, Mo–Mi 12–19, Do–Sa 12–22.30, So 14–19, Nebensaison Mo–Sa 12–19, So 14–19 Uhr

Prunktreppe der Renaissance im Hôtel des Trésoriers de la Bourse

082mo-ps

Giral im 18. Jh. vergrößerten Haus umgeben Wohnungen einen geometrischen französischen Garten. Die **Freitreppe** im Stil der Renaissance im ersten Hof ist typisch für die prunkvollen städtischen Villen der Hochbourgeoisie und des französischen Adels. Ihre Besitzer fuhren mit Kutschen bis zum Portal im Hof vor und betraten die so weit wie möglich von der Straße entfernten Wohnräume über repräsentative Paradetreppen. 1690 wurde das Haus durch den hinteren Trakt um den zweiten Hof erweitert. Bis zur Französischen Revolution war es der Sitz des königlichen Schatzmeisters. Hier wurde das Geld der Krone verwaltet.

› 4 Rue des Trésoriers de la Bourse

16 Église St-Roch ★★ [C4]

Im Chor dieser Kirche sind auf mehreren Gemälden **Episoden aus dem Leben des heiligen Rochus** dargestellt. Ein Großteil der Gemälde stammt von Auguste-Barthélémy Glaize (1807–1893) aus Montpellier. Der heilige Rochus war in der Stadt so beliebt, dass die Bürger Geld spendeten, damit ihm zu Ehren eine Kirche gebaut werden konnte. Der Architekt **Jean Cassan** errichtete sie an der Stelle des Vorgängerbaus St-Paul, der bereits Reliquien des heiligen Rochus, u.a. seinen Pilgerstab, ein Stück seines Gebisses und des linken Schienbeins beherbergte. Während des Baus ging jedoch das Geld aus und die Kirche geriet kleiner als geplant – ein Querschiff fehlt. **Auguste Baussan**, der als Michelangelo von Montpellier bezeichnet wurde, schuf die Marmorstatue des Heiligen.

Schon Ende des Mittelalters verehrten die Bewohner von Montpellier den heiligen Rochus und die Kirche ist eine bedeutende Station auf dem Jakobsweg nach Santiago de Compostela. Der Legende nach war **Rochus** der Sohn reicher Tuchhändler aus Montpellier. Mit 20 trat er als Waise in den Franziskanerorden ein, pilgerte nach Rom und heilte viele Menschen von der Pest. Auf dem Rückweg nach Montpellier erkrankte er selbst. Ein Hund brachte ihm Brot in sein Versteck bei Piacenza im Wald und er wurde wieder gesund. Allerdings war er von der Pest so stark verunstaltet, dass ihn in Montpellier niemand wiedererkannte und er fünf Jahre im Gefängnis verbrachte. Erst nach seinem Tod konnten seine Zeitgenossen ihn an einem roten Kreuz auf der Brust erkennen, das er – so die Legende – von Geburt an hatte.

› 4 Rue Vallat, im Sommer Mo–Sa 10–19, im Winter Mo–Sa 10–18 Uhr

Église St-Roch, die Kirche des hl. Rochus, Schutzpatron gegen die Pest

17 Chapelle des Pénitents Bleus ★ [C5]

Die Präsenz der **Blauen Büßer** *(Pénitents Bleus)* geht auf die Zeit des Bischofssitzes in Maguelone im 11. Jahrhundert zurück, offiziell anerkannt wurden sie aber 1746 unter Ludwig XV. in Montpellier. Ihre damalige Kapelle neben der königlichen Sternwarte im Tour de la Babote 18 kam unter die Räder der Französischen Revolution. Zwischen 1846 und 1848 wurde stattdessen diese **neugotische Kirche** erbaut. Ihre **Fassade** mit den drei verzierten Portalen ist ein typisches Beispiel für den **Troubadour-Stil,** den Überlieferungen aus dem Mittelalter inspirierten. Darüber erbittet eine **Jungfrauenstatue** mit geöffneten Armen Schutz für Montpellier. Die blauen Büßer kümmerten sich einst um die Kranken der Stadt und erfüllten im Mittelalter diverse gesellschaftliche Funktionen.

Innen umgibt eine Galerie das **Kirchenschiff.** Die große Kreuzigungsszene hinter dem Chor ist aus Carrara-Marmor. Die wertvolle **Orgel** hat einen guten Klang. Gläubige dankten ihren Heiligen, unter anderem Theresa von Avila und dem heiligen Rochus von Montpellier, mit etlichen **Votivtafeln** für erbetene Hilfe.

Die meisten Votivgaben schmücken die Seitenkapelle der **heiligen Rita** aus dem umbrischen Cascia. Die als Skulptur ganz in hellblau dargestellte Heilige wird als Helferin in aussichtsloser Not volkstümlich verehrt. An ihrem Sterbebett soll eine Rose erblüht sein. Ihr Gedenktag, der 22. Mai, ist deshalb der Tag der Rosensegnung. Gläubige halten Rosenblüten an ihre Brust und legen sie dann vor ihr nieder.

› 11 Rue des Etuves, Tram: Observatoire, Di–Fr 8.30–12, 14–17.30, Sa 8.30–12 Uhr

MEIN TIPP

Kleine Pause im Viertel St-Roch

Touristen, Studenten und Viertelsbewohner zieht es beim ersten Sonnenstrahl auf die gemütliche Terrasse zwischen zwei Gassen in der Nähe der Kirche St-Roch 16, die ideal zum Sitzen und Schauen ist. Das Lokal voller Schwarz-Weiß-Porträts, Skulpturen und Antiquitäten wirkt wie ein Stück Frankreich längst vergessener Tage. Benannt ist es nach den *bouchons,* geselligen Lokalen mit rot karierten Tischdecken und ruppiger Bedienung, wie sie in Lyon typisch sind. Schweinefleisch hat einen Ehrenplatz auf der Speisekarte, von der Leber bis zu den Füßen, und insgesamt ist die Küche rustikal, aber es gibt auch Salate.

5 [C5] **Le Bouchon St-Roch** €-€€, 14 Rue du Plan d'Agde, Tel. 0467609418, tgl. 12–14.30 und 19–22.30 Uhr

Skulptur der heiligen Rita in der Chapelle des Pénitents Bleus

084mo-ps

18 Tour de la Babote ★★ [C5]

Neben dem Tour des Pins 13 ist dies einer der beiden letzten der einst 25 **Wachtürme der Stadtbefestigung** aus dem 12. Jh. Der Erfinder des Fallschirms startete vom Turm ein paar Tests. Der heute 26 m hohe Turm wurde erstmals für die **königliche Sternwarte Ludwigs XIV.** erweitert, die der König nach der Sonnenfinsternis von 1706 gründete, um Erklärungen für die obskuren Phänomene des Himmels zu finden. Die Sternwarte hatte hier von 1739 bis 1793 ihren Sitz, aber schon sechs Jahre nach dem Einzug der Astronomen wurde der Turm erneut erhöht. Der Grund: Die an der Nordseite des Turms neu errichtete Chapelle des Pénitents Bleus 17 versperrte den Astronomen plötzlich die Sicht und sie verklagten den Orden. So mussten die blauen Büßer die Erweiterung des Turms um eine zweite Etage mit Terrasse finanzieren.

Wie ein Symbol des technischen Fortschritts sieht der Turm nicht aus, aber der Physiker **Louis-Sébastien Lenormand** führte hier die weltweit ersten Fallschirmsprung-Versuche durch. Ein Bild in der ersten Etage zeigt seinen sagenhaften Sprung vom Turm, der allerdings nie stattgefunden hat, denn er setzte Hühner, Enten und Kaninchen für die ersten Fallschirmtests ein. 1783 ging schon beim zweiten Testsprung mit Puppen der Fallschirm nicht auf …

Ab 1832 stand auf dem Turmdach eine von Claude Chappe entwickelte **Telegrafenstation** für die Kommunikation zwischen Paris und Montpellier. Die Übermittlung von Nachrichten mittels schwenkbarer Querbalken, die Buchstaben symbolisierten, dauerte Stunden. Dieses heute unvorstellbare System war 23 Jahre in Betrieb und verlief über zwei Routen: Nîmes – Avignon – Lyon – Dijon und Narbonne – Toulouse – Bordeaux – Tours. Marseille, Toulon und Bayonne waren ebenfalls an dieses Kommunikationsnetz angeschlossen.

Seit 1981 ist der Turm Sitz der von Amateuren betriebenen **Société Astronomique.** Computer übertragen die Bilder des Teleskops in das nostalgisch-altmodische Turmzimmer. Themenabende werden auf der Website angekündigt (Vorträge auf Französisch, http://societe-astronomique-montpellier.fr). In Zusammenarbeit mit Wissenschaftlern haben die Hobby-Astronomen 90 Asteroiden entdeckt. Wo diese sich gerade befinden, kann man auf der Website der NASA nachschauen, wenn man ihre Namen kennt. Der Asteroid Babote z. B. wurde 1997 im Nationalpark Cevennen entdeckt, ein anderer ist nach Claude Chappe benannt, wieder einer nach Lenormand, dem Erfinder des Fallschirms.

› Blvd. de l'Observatoire, Tram: Observatoire, nur bei Führungen des Office de Tourisme zugänglich (s. S. 113)

021mo-ps

Der Tour de la Babote wurde mehrmals erweitert

Vom Jardin des Plantes bis Les Arceaux

Wer von der Rue Foch [B/C3] aus den **Triumphbogen** 20 durchquert oder von der Faculté de Médecine 12 aus den Eingang des **Jardin des Plantes** 19 ansteuert, verlässt die mittelalterliche Altstadt und kommt ins Grüne. Hinter dem **Château d'Eau,** dem Wasserturm der **Promenade du Peyrou** 21, reicht der Blick bis zum Mittelmeer und bis in die Cevennen. Der **Aquädukt** 22 der früheren Trinkwasserversorgung, der das Viertel Les Arceaux überspannt, wird nach Einbruch der Dunkelheit sanft beleuchtet. In dem Wohnviertel mit einem der schönsten **Wochenmärkte** der Stadt (Marché des Arceaux, s. S. 88) geht es gemütlich zu: beim Pétanque-Spielen unter Platanen oder beim Aperitif auf einer Terrasse der wenigen Café-Bars, in denen die Stammgäste sich schon lange kennen.

19 Jardin des Plantes ★★★ [B2]

Montpelliers Botanischer Garten ist eine Oase für Flaneure und Pflanzenliebhaber und ideal für eine erholsame Pause. Hier kann man mittags zwischen hohem Bambus auf Bänken picknicken, über die Zypressenallee flanieren, am Ufer des Lotusteichs verweilen, durch den Englischen Garten spazieren oder zu dem über 200-jährigen Ginkgobaum pilgern!

„Vivez joyeux" („Leben Sie mit Freude"), steht unter der **Skulptur von François Rabelais.** Der Dichter und Arzt war wie Hippokrates der Meinung, ein sorgenschwerer Kopf mache krank. Medizin und Botanik haben in dem seit über 400 Jahren von der medizinischen Fakultät verwalteten Garten sehr viel miteinander zu tun. Heute ist er 4½ ha groß und beherbergt nach eigenen Angaben **2679 Pflanzenarten.**

Der älteste Botanische Garten Frankreichs entstand ab 1593, 40 Jahre vor dem in Paris. Heinrich IV. beauftragte **Pierre Richer de Belleval,** einen *jardin simple* anzulegen, einen Garten mit Heilpflanzen. Belleval, der an der medizinischen Fakultät Botanik und Anatomie unterrichtete, orientierte sich am Garten des italienischen Padua. Er ordnete die einheimischen und exotischen Pflanzen nicht nach ihrer heilenden Wirkung an, sondern ließ typische geografische Milieus schaffen. Dieser erste **Ort des Pflanzenstudiums** und der Forschung befand sich in Höhe der heutigen Zypressenallee.

Als Ludwig XIII. 1622 Montpellier belagerte, wurde der Garten zerstört. Doch Belleval gab nicht auf, kaufte den Nachbarn Grundstücke ab und legte einen noch größeren Garten an. Die ihm nachfolgenden Pioniere der Botanik waren ebenfalls Ärzte, z. B. **Pierre Magnol** (1638–1715), Sohn einer protestantischen Apothekerfamilie, der erst zum Katholizismus konvertieren musste, bevor er den Lehrstuhl für Medizin und Botanik und die Leitung des Botanischen Gartens (1696) übernehmen konnte. Als Vorläufer von Carl von Linné gruppierte er als Erster die Pflanzenarten nach Familien. Nach Pierre Magnol benannte ein Botanikerkollege posthum die aus China nach Frankreich gelangten Magnolien. Im Botanischen Garten steht ein Ableger des ersten **Ginkgobaums** in Frankreich. **Antoine Gouan,** der Botaniker, der ihn einführte, verfasste 1762 das erste botanische Standardwerk des Landes.

Als sich die Fläche des Jardin des Plantes im 19. Jh. verdoppelte, entstanden die **Orangerie** mit den Büsten bedeutender Botaniker, die **Gewächshäuser** und der **Lotusteich**. Erst seit 1841 ist der Garten öffentlich zugänglich. Wer Sensationen sucht, kann nach der Eiche mit Kastanienblättern oder der Zypresse aus dem Süden der Sahara Ausschau halten.

› Blvd. Henri IV, Tel. 0434433620, Tram: Place Albert I., Bus 6 und 7 bis Peyrou, www.umontpellier.fr/universite/patrimoine/jardin-des-plantes, 1. Juni–30. Sept. Di–So 12–20, sonst bis 18 Uhr, Eintritt frei, Führungen auf Französisch oder Englisch (1½ Std.). In der vor Kurzem restaurierten Orangerie gibt es im Sommer manchmal Konzerte oder Events.

022mo-ps

20 Arc de Triomphe ★ [B3]

Der **Triumphbogen** verbindet die Altstadt mit der Place Royale du Peyrou [A/B3], einem der 17 Königsplätze Frankreichs. Hier thront Ludwig XIV. hoch zu Ross. Im Rahmen von Stadtführungen des Office de Tourisme (s. S. 113) kann man die 103 Treppenstufen auf die Plattform des Arc de Triomphe erklimmen, um den weiten **Panoramablick** zu genießen.

Erbaut wurde der Prunkbogen 1691 an der Stelle des mittelalterlichen Stadttors Porte du Peyrou. Das Wort „Peyrou" stammt aus dem Okzitanischen und bedeutet „Steinbrocken". Modell für das monumentale Bauwerk **zu Ehren des absolutistischen Sonnenkönigs Ludwig XIV.** stand die Porte St-Martin in Paris. Die Medaillons, die den Bogen beidseitig schmücken, haben glorifizierende politische Botschaften. Zur Stadtseite hin erinnern sie an die Aufhebung des Edikts von Nantes und den Sieg über die Protestanten sowie an den Bau des Canal du Midi zwischen Toulouse und Sète, der den Weg zwischen Atlantik und Mittelmeer erheblich verkürzte. Zur Parkseite ist der Sonnenkönig als Herkules im Kampf gegen Adler (das Heilige Römische Reich Deutscher Nation) und Löwe (das englische Königreich) dargestellt. Ein weiteres Medaillon stellt die Eroberung von Mons und Namur dar.

› Tram: Peyrou Arc de Triomphe

[>] *Ein Triumphbogen wie in Paris: Symbol des Absolutismus*

[>] *Das Château d'Eau: ein Wasserturm als Tempel*

[<] *Jardin des Plantes 19: weitläufig und erholsam*

023mo-ps

21 Promenade du Peyrou ★★★ [A3]

Parkbänke und Wiesen unter Magnolienbäumen, ein Wasserturm mit Brunnen und eine herrliche Aussicht – der höchstgelegene Park der Stadt ist etwas für Romantiker.

Einen großen Teil des Parks und der Promenade nimmt der lange Königsplatz **Place Royale du Peyrou** mit dem **Reiterstandbild Ludwigs XIV.** ein. Höher als der ausgestreckte Arm des Königs durfte in der Umgebung nicht gebaut werden und so blieb die weite Sicht über die Stadtgrenzen hinaus erhalten. Der Arm weist Richtung Spanien, wo der Enkel Ludwigs XIV. König werden sollte. 1789 stürzten die Revolutionäre den Reiter vom Sockel, später wurde aber eine Kopie aufgestellt. Der Sonnenkönig ließ die erste Promenade auf dem 52 m hohen Plateau des Hügels anlegen, auf dem die Stadt gegründet worden war. Sie bot viel Platz zum Flanieren und für Feste und Jahrmärkte. Zuvor hatte das mehr oder weniger verwahrloste Gelände weniger zur Belustigung beigetragen: Ludwig XIII. ließ seine Truppen während der Belagerung Montpelliers 1622 von der Anhöhe aus Kanonenkugeln abfeuern.

Die **Löwenstatuen** von 1883 am Eingang stammen von **Jean-Antoine Injalbert**, einem Bildhauer aus Béziers. **Jean-Antoine Giral**, der stadtbekannte Spross einer Architektendynastie, legte den repräsentativen Park 1768 an. Im gleichen Jahr entstand das **Château d'Eau,** der von einem Brunnen umgebene Wasserturm im Stil eines korinthischen Tempels. Dahinter führen Treppen ins Viertel **Les Arceaux**, unter die Bögen des Aqueduc de St-Clément 22, der einst das Trinkwasserbecken des Brunnens am Wasserturm speiste.

› Tram: Peyrou Arc de Triomphe

024mo-ps

025mo-ps

㉒ Aqueduc de St-Clément ★★★ [A3]

Der berühmte Pont du Gard bei Nîmes war Vorbild für Montpelliers Aqueduc de St-Clément, der nach der 14 km entfernten Quelle des Lez benannt ist. Montpelliers Bewohner nennen ihn Aqueduc des Arceaux.

Auf **880 m Länge** überspannt er mit **22 m hohen Arkadenbögen** auf zwei Etagen das Wohnviertel Les Arceaux, eine imposante Kulisse für den Wochenmarkt (s. S. 88). Besonders schön sieht er aus, wenn seine Bögen in der Abendsonne in warmen Farbtönen erstrahlen.

Die 51 kleinen unteren Bögen tragen 182 schmalere obere Bögen. Unter der Leitung des Baumeisters **Henri Pitot de Launay** entstand diese Ingenieursleistung ab 1753 in **12 Jahren Bauzeit.** Der Aquädukt gewährleistete ab 1765 die **Wasserversorgung** der Stadt, indem er das von der 14 km entfernten Quelle des Lez nach Montpellier geleitete Nass zum Wasserturm führte. 25 Liter pro Sekunde sprudelten in das Bassin du Peyrou. Vom Chateau d'Eau aus wurden die Brunnen der Altstadt mit Wasser versorgt. Der Aquädukt war noch bis in die 1970er-Jahre in Betrieb.

› Tram: Peyrou Arc de Triomphe oder Arceaux

MEIN TIPP

Unter dem Aquädukt

Die Zikade („La Cigale") heißt die Bar am Fuß des Aqueduc de St-Clément ㉒ im Viertel Les Arceaux. Vom morgendlichen Frühstückskaffee bis zum Absacker in der Nacht treffen sich hier die Bewohner des Viertels, im Sommer auf der Terrasse unter hohen Platanen. So war Montpellier schon vor 30 Jahren, es gibt starken Kaffee, erfrischende Getränke und den Aquädukt als Kulisse.

6 [cg] **Bar La Cigale,** 7 Blvd. des Arceaux, Tel. 0467926630, Mo–Sa 7–1 Uhr

Markantes Meisterwerk: der Aquädukt im Viertel Les Arceaux

Die Neustadt am Fluss Lez

Star- und Pritzker-Preisträger wie Ricardo Bofill, Christian de Portzamparc, Jean Nouvel, Farshid Moussavi und Sou Fujimoto schufen **die für Fans von moderner Architektur und Design interessanten Viertel** des 20. und 21. Jh. mit viel Raum für soziales Leben, Wellness und Freizeit. So hat **Antigone** 23 seit 1996 sein sportives Olympiaschwimmbad aus Glas und Stahl und **Port Marianne** 24 Le Nuage („Die Wolke"), das Sport- und Fitnesszentrum mit Schwimmbad (designt von Philippe Starck) und einen kleinen Wasserspiegel *(Miroir d'eau)* vor dem RBC Design Center von Jean Nouvel.

Initiator der **Stadterweiterung** vom Zentrum Richtung Mittelmeer, die 1986 mit dem Bau des Quartier Antigone begann, war der Sozialist **Georges Frêche,** von 1977 bis 2004 Bürgermeister von Montpellier und lange Zeit zugleich Abgeordneter des Départements Hérault. Er beauftragte den katalanischen Architekten **Ricardo Bofill,** der einen Gegenentwurf zu den bisherigen Trabantenstädten des sozialen Wohnungsbaus schuf. Das Viertel Port Marianne ist ein Kind der 2000er-Jahre und die zweite Phase der Stadterweiterung zum Meer. Es ist ebenfalls eine Idee von Georges Frêche, die seine Nachfolger weiterführen. Die futuristischen Wohn- und Bürohäuser von Port Marianne sind nach neuesten Erkenntnissen soweit möglich nachhaltig und umweltschonend gebaut und bieten stadtnah im Grünen eine schicke Umgebung für junge Aufsteiger. Abends setzt ein effektvolles Beleuchtungskonzept Antigone und Port Marianne in Szene.

23 Antigone ★★ [G3]

Schatten spendende Bäume, aus dem Boden sprudelnde Brunnenfontänen an der Place du Nombre d'Or, nette Restaurants mit Terrassen und viel Raum für Sport und Kultur – das noch recht junge Viertel aus den 1980er-Jahren sieht heute aus, als sei es schon immer dagewesen. Flaneure, Radfahrer, Jogger und spielende Kinder eignen es sich täglich an.

Auf der **Place du Nombre d'Or** [F4/5] gibt es mittwochs einen kleinen Lebensmittelmarkt. Der Platz bildet den Auftakt zum Quartier Antigone, das nach der Tochter des Ödipus

026mo-ps

⊡ *Neue Architektur für Gutverdiener in Port Marianne* 24

und einer Tragödie von Sophokles benannt ist. Es erstreckt sich hinter dem Einkaufszentrum Polygone (s. S. 89) bis zum Verwaltungssitz **Hôtel de Région**, einem städteplanerischen Gegenstück zum Triumphbogen 20 an der Porte du Peyrou.

Gigantismus sei das Viertel, meinen die einen, genial sei es, die anderen, wohl weil Architekt Ricardo Bofill dem Ganzen den **Look der römisch-griechischen Antike** verlieh, mit erhaben dekorierten Bauten rund um eine Art römisches Forum mit einigen bepflanzten Amphitheatern. So sieht es hier teurer aus, als es ist: Das Quartier Antigone umfasst von 2200 Wohnungen **insgesamt 700 Sozialwohnungen.** Im Kern besteht es aus kostensparenden Betonwaben, verkleidet mit Säulen, Bögen und Kapitellen, die ebenfalls aus Beton gegossen und terrakottafarben gestrichen sind.

Die Symmetrien und die aus sechs runden und eckigen Plätzen gebildete Sichtachse legte Bofill nach dem Gesetz des Goldenen Schnitts an. Basis ist die 48x48 m große Place du Nombre d'Or, die sich in der mit Zypressen bepflanzten Place du Millénaire fortsetzt. Wer die gesamte Achse entlangspaziert, kommt an Springbrunnen und fantasieanregenden Kopien bildhauerischer Kunst vorbei, von einer Kopie der „Nike“ von Samothrake aus dem Louvre bis zu „Orlando Furiosa“, der Skulptur des rasenden Rolands, der sich unter einem Pferd verbirgt, das sich vor dem Hôtel de Région zu verbeugen scheint. In Höhe der Tramhaltestelle Antigone bietet die Place Dionysos ein **Amphitheater** mit 300 Plätzen.

Mit der schwungvollen, halb transparenten Konstruktion aus Glas und Stahl des 1996 eröffneten **Piscine Olympique** machte Ricardo Bofill den Sprung von der Antike ins Hier und Jetzt. Das Schwimmbad bietet ein Freizeitbecken mit Rutschen und Sprudelbädern sowie ein Becken mit olympischen Maßen (25x50 m) und Platz für 2000 Zuschauer. Es ist öffentlich zugänglich und zugleich Austragungsort für Wettkämpfe, z. B. im Synchronschwimmen, Wasserpolo und für die französischen Schwimmmeisterschaften.

Der Fluss Lez: ein Spiegel für das Viertel Antigone

027mo-ps

Die riesige **Médiathèque Émile Zola** gegenüber stammt von den Architekten Paul Chemetov und Borja Huidobro. Zum hellen Lesesaal mit 1400 Sitzplätzen hat sie eine Glasfassade. Den anderen Gebäudeteil mit dem Archiv schützt eine Mauer vor der Sonne. Die Mediathek bietet WLAN, 200 Steckplätze für Laptops, 130 Computer für Recherchen in den Bibliotheksbeständen, ein Auditorium und eine große Caféteria.

Restaurants mit Terrassen zum Fluss Lez laden an der Esplanade de l'Europe zum Draußensitzen ein. Die moderne **Markthalle Jacques Cœur** (s. S. 87) hat täglich geöffnet. Sonntags bietet sich ein Streifzug über den großen Bauernmarkt in der Avenue Samuel de Champlain an (Marché d'Antigone, s. S. 88).

› Tram: Antigone

•7 [G4] **Médiathèque Émile Zola,** 218 Blvd. de l'Aéroport International, Tel. 0467348700, Di und Fr 12–19, Mi 10–19, Do 12–21, Sa 10–18.30, Okt.–April auch So 14.30–18 Uhr

S8 [G5] **Piscine Olympique,** 195 Av. Jacques Cartier, Tel. 0467156300, Mo–Fr 9–21.30, Sa 9–19.15, So 9–13.15, 15–19.15 Uhr, Eintritt 5,30/2,80 €

24 Port Marianne ★★ [cg]

Das Viertel am Lez ist eine Spielwiese für experimentierfreudige Architekten internationalen Formats. Treffpunkt der Szene des noch nicht vollendeten Viertels ist der **Marché du Lez** (s. S. 88), ein Ort für das alternative Shopping mit **Bars** und **Restaurants.**

028mo-ps

Das Rathaus von Jean Nouvel fängt das Sonnenlicht für die Stromerzeugung ein

Ökologisches Bauen und innovative bunte Fassaden mit vielen Balkonen geben im Viertel den Ton des Fortschritts an. Palmen und Architektur spiegeln sich im Bassin Jacques Cœur, einem Wasserbecken mit hoher Fontäne, benannt nach einem reichen Kaufmann unter Karl VII., der bereits im 15. Jahrhundert davon geträumt hat, für die Stadt Montpellier einen eigenen Mittelmeerhafen zu bauen. In Port Marianne sollte dieser alte Traum in Form eines Jachthafens mit Verbindung zum Meer verwirklicht werden, doch er scheint vorerst ausgeträumt. Geblieben ist nur das *port* („Hafen“) im Namen. Hohe Kosten für zwei Schleusen und Meinungsverschiedenheiten zwischen städtischen und kommunalen Interessen sind die Gründe dafür, dass

Jachten nach wie vor nur in Lattes anlegen können, dessen Hafen Port Ariane heißt!

Der spektakulärste Bau am Bassin Jacques Cœur ist der als utopisch teuer und überdimensioniert kritisierte blau schimmernde Kubus des **Hôtel de Ville**, des Rathauses mit 500 Büros. Über 130 Mio. € kostete das zwölfstöckige, 40 m hohe Symbol des neuen Montpellier. Faszinierend: Die Architekten Jean Nouvel und François Fontès integrierten eine der bisher größten Solarstromanlagen des Landes: Mit 1400 m² Sonnenkollektoren produziert das Rathaus einen Großteil des benötigten Stroms selbst.

Am anderen Ende des Bassins sprudeln die **Fontänen des Miroir d'Eau** („Wasserspiegel") vor dem RBC Design Center, Showroom für Möbeldesignfirmen. Jogger ziehen vorbei und verschwinden allmählich im **Parc Georges Charpak.** Vor seinen Toren gestaltete Philippe Starck das Gebäude, das aussieht wie in Kissen gepackt und ein wenig über allem schwebt: **Le Nuage** („Die Wolke", www.le-nuage.fr), das innovative Sport- und Wellnesszentrum mit Schwimmbad, Fitnessstudio und einem Gesundheits- und Beauty-Dorf. Das Material der transparenten Außenmembran (ETFE) hat sich bereits bei der Münchener Allianz Arena und beim Nationalen Schwimmzentrum von Peking bewährt.

Mit seiner zukunftsweisenden Architektur, viel Grün, dem spektakulären L'Arbre Blanc (s. S. 101) und den Halles du Lez für Foodies (s. S. 70) eignet sich das weitläufige, dynamische Viertel Port Marianne sehr gut für eine **Entdeckungstour** mit dem Fahrrad.

› Tram: Pablo Picasso

Entdeckungen außerhalb des Zentrums

25 Château de Flaugergues ★★★ [dg]

Diese typische „folie", ein Lustschloss im Grünen mit fantastischem Garten und Weingut, ist Luftlinie drei Kilometer vom Zentrum entfernt. Sie ist bis heute der Wohnsitz einer Familie, die in direkter Linie mit Colbert verwandt ist, dem Finanzminister des Sonnenkönigs Ludwig XIV.

Henri und Brigitte Colbert bewohnen das Schloss, Sohn Pierre führt das inzwischen modern mit Stahltanks ausgestattete Weingut, das auf 25 ha **Weine der AOC Grés de Montpellier** produziert: 160.000 Flaschen im Jahr, 65 % für den Export. Wer möchte, kann sich für eine **önologische Führung** anmelden, die Hausweine im Restaurant Folia bestellen oder im Laden probieren.

Eine weitere Führung gewährt Zugang zum Schloss mit Brüsseler Tapisserien, historischem Mobiliar und Prunkwendeltreppe. Pierre Colbert führt Besucher ab und zu auch persönlich durch seine Wohnräume, aber sein ganzer Stolz ist der **Schlossgarten mit Orangerie**, in dem man im Schatten des Bambushains, durch die Olivenallee, den Duftgarten, den Englischen Park oder zwischen den Buchsbäumen des französischen Gartens umherspazieren kann. Vier Jahre lang legten der Graf und die Gräfin ihn mit ihren vier Kindern eigenhändig an und pflanzten jedes Wochenende junge Buchsbäume adrett in Reih und Glied.

[>] Château de Flaugergues: umgeben von vielfältigen, duftenden Gärten

› 1744 Av. Albert Einstein, Tel. 0499526637, Bus 9 Richtung Grammont bis Evariste Gallois, www.flaugergues.com, Schlossführungen (1–1½ Std.): Zeiten und Infos zu den Tickets siehe Website, Preis: 11,50 €, erm. 8 €, unter 12 Jahren frei, Weinkeller und Garten: Juni–Sept. Mo–Fr 9.30–19, Sa, So und Fei 13.30–19, Okt.–Mai Mo–Fr 9.30–18, Sa 13.30–18 Uhr, Eintritt (jeweils inkl. Weinprobe): Garten 8 €, unter 12 J. frei, Weinkeller: 11,50 €, erm. 8 €, unter 12 J. frei

› **Restaurant Folia**, Tel. 0428317075, Mo–Fr 12–14 Uhr, www.folia-restaurant.fr

26 Cathédrale St-Pierre de Maguelone ★★★ [ci]

Die festungsartige romanische Kathedrale zwischen Pinien und Weinfeldern auf einer Laguneninsel ist ganzjährig ein schönes Ausflugsziel und im Juni Schauplatz eines beliebten Festivals für Musik aus Mittelalter, Renaissance und Barock.

Bereits im 3. Jh. soll es hier einen Bischofssitz und eine Hafenstadt gegeben haben, die 737 im Feldzug von Karl Martell gegen die Sarazenen zerstört wurden. Die Ursprünge der heutigen **Festungskirche** mit winzigen Fenstern und Schießschar-

Folies: Lustschlösser im Grünen

Das Wort „folie" für die einst um die 40 Zweitwohnsitze des Adels im Grünen um Montpellier stammt vom lateinischen Wortstamm für „feuilles" („Blatt") und nicht von „folie" („Verrücktheit"). Etwa zehn dieser Lustschlösser sind noch erhalten und stehen unter Denkmalschutz. Das Château de la Mogère (www.lamogere.fr, Besichtigungen möglich), nach dem der TGV-Bahnhof benannt ist, bewohnt der Comte de Vicomte in 9. Generation. Heute ist es wie das Château de Flaugergues 25 von Industriegebieten und Wohntürmen umzingelt.

Zwei weitere „folies" im Viertel Les Arceaux wurden noch viel schneller vom städtischen Wachstum eingeholt: Das Hôtel de Haguenot (bei Facebook) in der Rue Clapiès 3, das sich der Dekan der medizinischen Fakultät erbauen ließ, und das Hôtel de Guidais (www.hotel-de-guidais.fr) unterhalb des Jardin du Peyrou. Beide sind von innen mit genuesischen Stuckarbeiten verziert, einer Mode des 19. Jahrhunderts.

029mo-ps

030mo-ps

ten gegen Angriffe der Moslems ließ Bischof Arnaud im 12. Jh. errichten. Erhalten sind die **St-Augustin-Kapelle** und der Überrest des **Bischofsturms** links vom Portal. Am Portal wachen die Apostel Petrus mit dem Schlüssel und Paulus mit dem Schwert (Reliefs aus dem 12. Jh.). Man achte auf die kunstvollen Grabinschriften und Flachreliefs am Tympanon über dem Eingang und an den Kapitellen (Akanthusblätter). Rundbögen und die Domherrenempore prägen das **Hauptschiff** aus Muschelkalkstein. Von hier oben kommen die Dimensionen am besten zur Geltung.

1096 besuchte **Papst Urban II.** Maguelone, machte die Kirche zum Bischofssitz mit römischem Segen und gewährte allen, die auf ihrem Friedhof begraben wurden, Ablass von ihren Sünden. **Im 13. Jh.** bauten die Bischöfe die Kathedrale zu einer Festung gegen die als Ketzer geltenden Katharer aus. Während sich Montpellier im Mittelalter zu einer blühenden Handels- und Universitätsstadt entwickelte, hatten die 60 Mönche auf der früher wenig romantischen einsamen Insel von Maguelone gegen Hitze, Feuchtigkeit und Mückenschwärme zu kämpfen. 1536 machte der Bischof Montpellier zu seinem Sitz, aber bis 1602 fanden die Bischöfe noch in Maguelone ihre letzte Ruhe.

Die Klosterfestung wurde 1632 zerstört, übrig blieb nur die dem Verfall preisgegebene Kathedrale. Seit 1840 steht sie **unter Denkmalschutz.** Was ungewöhnlich ist: 1852 erwarb der Privatier Frédéric Fabrège, Nachkomme einer reichen katholischen Händlerfamilie aus Montpellier, das während der Revolution vom Staat konfiszierte und recht verfallene Kloster und die Insel. Die historisch inspirierte Restaurierung verdankt die Nachwelt dem Engagement dieses Bildungsbürgers mit guten Kontakten zu Archäologen und Historikern. Seit 1949 gehört die Kirche wieder der Diözese von Montpellier.

Das Gelände in einem Naturschutzgebiet, das Weingut und das Restaurant bewirtschaften die **Compagnons de Maguelone**, die sich für die Wiedereingliederung geistig Behinderter einsetzen. Im Shop kann man ihre Weine degustieren und kaufen, aber

⊡ *Der Weg vom Strand auf die Insel Maguelonne*

auch geschliffene grüne Schutz- und Heilsteine, die nur am Strand von Maguelone zu finden sind.

Der **Name Maguelone** geht auf die Legende um eine neapolitanische Prinzessin zurück, die mit ihrem Liebhaber Pierre auf dem Pferderücken bis an diesen Ort geflohen sein soll. Ein Seevogel raubte die drei Goldringe, die Pierre seiner Geliebten geschenkt hatte. Er wollte sie zurückholen, wurde jedoch von einem maurischen Schiff in ein nordafrikanisches Sultanat entführt. Verzweifelt blieb die schöne Maguelone auf der Insel, die damals Port Sarrazin hieß, und ließ die Kapelle St-Pierre und ein Krankenhaus errichten. Dort fand der verschwundene Liebhaber sie bei seiner Rückkehr Jahre später wieder. Literaten verarbeiteten den romantischen Stoff zu in ganz Europa gelesenen Romanen und Johannes Brahms vertonte ihn in seinem Opus 33 (s. S. 114).

› **Les Compagnons de Maguelone,** 34250 Palavas-les-Flots, www.compagnons-de-maguelone.org, Tel. 0467506363, tgl. 9–18, im Sommer bis 21 Uhr, Eintritt frei, Audioguide (auf Deutsch, ca. 45 Min.) ab 10 Uhr 4,50 €. Mit dem Auto über Palavas bis Parking du Prévost (Mai–Sept. 5 €), ab hier im Sommer kostenloser Petit Train; über Villeneuve-lès-Maguelone bis Parking du Pilou (Mai–Sept. 5 €), dann über die Brücke des Rhônes-Sète-Kanals (nur tagsüber geöffnet) 1,5 km zu Fuß bis zum Westeingang

› Restaurant mit Terrasse (Juli–Sept.) und Shop, Tel. 0467504988, tgl. 10–18 Uhr, Lunch 12–15 Uhr

Ausflugsziele in der Umgebung

Nahe Strände am Mittelmeer ★★★

20 bis 30 Minuten sind es von der Altstadt an die 11 bis 15 km entfernten Strände in Villeneuve-lès-Maguelone, Palavas-les-Flots und Carnon-Plage. Der beliebteste und nächste an Montpellier ist die Plage du Pilou, die sich in der Nähe der Kathedrale St-Pierre de Maguelone 26 9 km lang vor Villeneuve-lès-Maguelone erstreckt.

Golfe d'Aigues-Mortes bzw. **Golf de Lion** heißt der 20 km lange Küstenstreifen mit blauer Flagge vor Montpellier zwischen Frontignan und dem Fischereihafen Le Grau-du-Roi. Bei Campern sind **Palavas** und **Frontignan** mit seinem langen Strand besonders beliebt. In **Carnon,** Palavas und **Le Grau-du-Roi** säumen Restaurants den befestigten Kanal, der durch jeden dieser Orte zum Meer fließt. In Palavas schwebt eine kleine Seilbahn über dem Lez. Hinter Le Grau-du-Roi erstrecken sich Dünen bis zum Leuchtturm der herrlich weiten **Plage de l'Espiguette.**

Wer ein Stück weiter fahren kann: Hinter **Sète** an der anderen Seite von Montpellier erstreckt sich entlang des Étang de Thau ein weiterer herrlicher, 12 km langer Sandstrand und auch der von **Marseillan** ist wunderbar.

Von Mai bis September lohnt ein Besuch der **plages privées,** Strandrestaurants wie Le Carré Mer oder Zénith Plage in Palavas mit Sonnenliegenverleih, Terrassen und Musikprogramm sowie Tanz am Wochenende. Bekannt sind z. B. La Paillote Bambou (lapaillotebambou.com) und Le White Beach (lewhitebeach.fr) in La Grande Motte mit seinen heute kultigen 1960er-Jahre-Hotelbauten, 25 km von Montpel-

MEINE TIPPS

Austern und lokale Bands

Zum Aperitif einen *Mirothau*, Mojito mit Weißwein statt Rum, und abends mit Blick auf den Étang im Schein bunter Lampions auf einer Wiese Muscheln und Austern essen. Auch Platten mit Garnelen, Krebs, Meeresschnecken mit Weißwein oder Muscat de Frontignan bekommt man bei diesem Muschel- und Austernzüchter. Er organisiert beliebte Konzertabende (am Wochenende, Eintritt ca. 6–10 €, manchmal 2 € für eine Mitgliedschaft im Verein „Cultivé à la Ferme"). Dann gibt es Muscheln und Fisch vom Grill (Teller 8 €). Die *Brasucade* – Muscheln mit Kräutern, Gewürzen und etwas Pastis in einer großen Paellapfanne – ist bei Dorffesten um den Étang de Thau ein typischer Brauch.

9 [bj] **La Ferme Marine des Aresquiers,** Route des Aresquiers, 34110 Vic-la-Gardiole, Tel. 0609767867, www.lafermemarinedesaresquiers.fr, Juni–Sept. Mi–So 19–24 Uhr, Reservierung über das Formular der Website, Fr, Sa ab 21.45 Uhr Livemusik bekannter lokaler Bands; Miesmuscheln vom Grill *(concert-brasucade),* ganzjährig Mi–Sa 16.30–19.30 Uhr Direktverkauf von Austern und Meeresfrüchten

Muscat de Frontignan vom Erzeuger

20 ha bewirtschaftet Familie Sala auf der Domaine de La Plaine. Die hausgemachten Muskatweine kann man im Hofladen probieren. „Beim Verkosten lasse ich stets zuerst den trockenen und dann die süßeren Muscats probieren. Unser Klassiker schmeckt ein wenig nach Aprikosen", sagt Winzer Christophe Sala.

Der kleine Betrieb, einer von acht der Kooperative unabhängiger Winzer im AOC-Anbaugebiet, stellt Muscats in vier Qualitätsstufen her. Beim traditionellen Ausbau, bei dem der Wein ein Jahr lang in Glaskrügen bei Sonnenlicht draußen steht, entwickelt der Muscat auf natürliche Weise aromatische Nuancen wie Aprikose, Nuss, Karamell oder Kaffeebohne. Erfahrungswerte helfen bei der Assemblage, dem Zusammenfügen der Weine verschiedener Aromen zu einer Cuvée, dem fertigen, geschmacklich abgerundeten Endprodukt.

Auf Anfrage führt die Familie durch das Weingut, auf dem Camper auch übernachten können. Es gibt fünf Stellplätze für Wohnmobile oder Wohnwagen. Das Weingut ist Mitglied bei Bienvenue à la ferme (www.bienvenue-a-la-ferme.com). Über diese Website findet man auch weitere regionale Angebote des ländlichen Tourismus.

10 [aj] **Domaine de la Plaine,** 6 Route de Montpellier, am Rand der D 112, 34110 Vic La Gardiole, Tel. 0615606966, http://domainedelaplaine.com

Die Domaine de la Plaine bei Frontignan baut Muscat in Glaskrügen aus

041mo-ps

lier. Einen Überblick gibt die Website www.plageprivee.com/montpellier. Außerhalb der Saison werden die Holzkonstruktionen komplett abgebaut.

Im Sommer strömen Einheimische nach dem Strandausflug Richtung Frontignan (s. auch links) gern in das kleine Meeresfrüchtelokal **La Ferme Marine des Aresquiers** eines Austernzüchters in Vic-la-Gardiole, der am Wochenende oft Konzerte lokaler Bands organisiert (s. S. 54).

Mit einem Mietwagen ist man unabhängiger, aber auch ohne Auto kommt man an die Strände:

› **Fahrpläne und Linien:** www.herault-transport.fr, www.tam-voyages.com. Im Sommer werden mehr Busse eingesetzt.
› **Tramtickets** kosten 1,60 €, **Zugtickets** 2,20 €. Tram plus Vélomagg (s. S. 119).
› **Nach Palavas-les-Flots:** mit Tram 4 bis Garcia Lorca und dann mit Bus 131 bis zur Salle Bleue in Palavas (20 Min.) oder mit Tram 3 bis Pérols Étang d'Or und zu Fuß (ca. 20 Min.) bis Carnon oder mit dem kostenlosen Shuttlebus
› **Nach Villeneuve-lès-Maguelone:** Bus 32 ab Tramhaltestelle Garcia Lorca bis Pilou, dann weiter mit dem Vélomagg
› **Nach Frontignan:** Bus 102 von Tramstation Sabines bis Les Aresquiers
› **Bus 106** ab Tramhaltestelle Place de France: Montpellier–Carnon/Petit Travers/Grand Travers/La Grande Motte und Le Grau-du-Roi und zurück.

•**11** [di] **Zénith Plage** €, Av. Évêché de Maguelone, Palavas, Tel. 0609976365, bei Facebook, Mai–Sept. tgl. 9–23 Uhr. Das familiäre Strandrestaurant stärkt Anbeter von Sonne und Meer mit erfrischenden Getränken, Eis und saisonaler Küche, u. a. Camargue-Reis und frischer Fisch, Wraps mit Huhn oder Lachs und Ziegenkäse und *pichets* (Karaffen mit Landwein). Neben Liegen werden Kanus und SUP-Boards vermietet.

› **Le Carré Mer:** s. S. 93

032mo-ps

La Petite Camargue ★★★

Vor der Küste locken die Lagunenseelandschaft der Étangs und in den kleinen Arenen und Straßen der Dörfer in den Départements Hérault und Gard können Besucher traditionelle Stiertreiben (Course Camarguaise) miterleben.

Montpellier ist das Tor zur **Kleinen Camargue,** die im Delta der Petit Rhône im Nachbar-Département Gard beginnt. Schwemmland, Reisfelder, Sumpf, Röhricht, Salinen, Pferde-Unterstände am Straßenrand und die Weiden der Camargue-Stiere prägen das Bild. In der Hitze flimmert in der

Manade St-Louis: Besuch bei einem Stierzüchter in der Petit Camargue

Ferne die begehbare Stadtmauer des lebhaften **Aigues-Mortes.** Erste Station des Spaziergangs über die Mauer ist der 30 m hohe Tour de Constance. Die Place St-Louis mit der Kirche Notre-Dame des Sablons säumen etliche Restaurants.

Vor den Toren der Stadt lohnt ein Besuch der produktivsten Salinen Frankreichs, der **Salins du Midi.** Man kann sie zu Fuß oder mit dem Petit Train besichtigen und hat einen tollen Blick auf Aigues-Mortes. Die Betreiber der Salins bauten nicht nur Salz ab, sondern auch die lokaltypischen *vins de sable* (Sandweine) mit dem Namen Listel an (http://domainedejarras.com).

Ein Kanal verbindet Aigues-Mortes und den Fischerhafen **Le Grau-du-Roi,** benannt nach der Kanalmündung, die König Heinrich IV. im 16. Jh. anlegen ließ. Hier laden Fischrestaurants zur Einkehr ein und wenn ab 17 Uhr die Fischkutter vom Meer zurückkommen, öffnet sich die Drehbrücke, damit sie in den Hafen fahren können. Im Stadtteil **Port Camargue** baute der Architekt Jean Balladur einen der größten Jachthäfen Europas.

- ℹ 12 **Office de Tourisme Aigues-Mortes,** Pl. St-Louis, 30220 Aigues-Mortes, Tel. 0466537300, http://ot-aiguesmortes.com, Mo–Sa 10–17, Hochsaison bis 18 Uhr
- •13 **Salins du Midi,** Route du Grau du Roi, Tel. 0466734024, www.visitesalinsdecamargue.com, Besichtigung zu Fuß 9 €, Kinder bis 14 Jahre 6,80 €, bis 6 Jahre frei, Familienticket 30 €, mit Petit Train 13/9 €, Familienticket 40 €

Blick von Montpelliers Hausberg Pic St-Loup

- •14 **Stadtmauer Aigues-Mortes,** Tour de Constance, 8 €, bis 25 Jahre frei, Audioguide 3 €, Mai–Aug. tgl. 10–19, Sept.–April 10–17.30 Uhr
- ℹ 15 **Office de Tourisme Le Grau-du-Roi,** Villa Parry – Rive Droite, Rue du Sémaphore, 30240 Le Grau-du-Roi, Tel. 0466516770, Mo–Fr 9–12.15, 14–18, Sa ab 9.15, So 10–12.30, 14.30–17 Uhr

27 Pic St-Loup ★★★

Ist es nicht zu heiß, lädt Montpelliers Hausberg zu Wanderungen in herrlicher Landschaft und mit schöner Aussicht ein. Sie beginnen an den Parkplätzen von Cazevielle (Südflanke), von Mas-de-Londres bei St-Martin-de-Londres mit seiner frühromanischen Kirche oder von St-Mathieu-de-Tréviers.

Der Aufstieg über die steile, felsige **Nordwand** ist der steilste und hier gibt es auch Kletterrouten verschiedener Schwierigkeitsgrade. Recht steil ist auch der Ostgrat. Eine schöne Wanderung ab dem Parkplatz von **Cazevieille** (D113, 301 m Höhe, keine Busverbindung) dauert 2½ bis 3 Stunden (inklusive Rückweg, ohne Einkehrmöglichkeiten). Über den gekennzeichneten GR 60 geht es 2,7 km zum Gipfel (658 m) mit Kreuz und Kapelle hinauf, das Mittelmeer stets im Blick. Oben wird man bei klarem Wetter mit einem Weitblick bis zum Mont Canigou und zu den Pyrenäen belohnt. Fast immer sind die Weinkulturen der AOC Pic St-Loup im Osten zu sehen. Im Norden grüßt direkt gegenüber der etwas kleinere **L'Hortus** (512 m). Der Legende nach spaltete ein Riese die beiden Berge durch einen Faustschlag, um einem Liebespaar zu helfen, das vor den zornigen Eltern geflohen war.

Von **St-Mathieu-de-Tréviers** (Bus 115 von Montpellier nach Quissac bis Av. de Montpellier) dauert die Wanderung Richtung Château de Montferrand und vorbei am Weingut St-Agnes fünf Stunden (Beschreibung Website s. u.), aber es gibt eine Alternative: Ab der Kreuzung von D1 und E8 bei St-Mathieu-de-Tréviers (Parkplatz) führt eine kürzere Wanderung (hin und zurück 1½ Std.) mit Meerblick bis zur Burgruine des **Château de Montferrand.**

Von **St-Martin-de-Londres** (Bus 108 von Montpellier) dauert die Wanderung zum Pic St-Loup über Mas de la Liquière und Mas-de-Londres sechs Stunden. In St-Martin-de-Londres lohnt ein Abstecher in den pittoresken historischen Ortskern. Gegenüber der bezaubernden Kirche aus dem 11. Jh., die zum Benediktinerkloster von St-Guilhem-Le-Désert gehörte, steht ein frühbarockes Kalvarienkreuz und Arkadengänge säumen den Platz. Stärken kann man sich in der **Pâtisserie de la Tour** (Brunch, Tagesgerichte, Sandwiches und Feinkost zum Mitnehmen).

Bus 108 hält auch in **Les Matelles,** einem pittoresken Dorf mit Natursteinhäusern am Fuß von Pic St-Loup und Cevennen. Hier kann man innerhalb der mittelalterlichen Stadtmauer mit zwei erhaltenen Toren durch die Gassen bummeln. Unterhalb rauscht der kleine Fluss Lirou. Die Kirche hat romanische Ursprünge und das **Maison des Consuls** birgt das älteste Museum für Archäologie des Languedoc, das nach aufwendiger Modernisierung die prähistorische Besiedlung der Region anschaulich macht und in Wechselausstellungen Bezüge zu aktueller Kunst herstellt.

› **Wander- und Radrouten zum Download** unter www.grandpicsaintloup-tourisme.fr (Menü: Brochures & Documents – Fiches Rando)

033mo-ps

•**16 Maison des Consuls,** Rue des Consuls, 34270 Les Matelles, Tel. 0499632546, Eintritt 5 €, bis 18 Jahre frei, Juli/Aug. tgl. 10–13 und 14–19, sonst Mi–So und Fei 14–18 Uhr

17 Pâtisserie de la Tour, Place de la Fontaine, 34380 St-Martin-de-Londres, Tel. 0467550050, www.latour-gourmet.fr, tgl. 6–20 Uhr

28 Gorges de l'Hérault ★★★

Bei Hitze ist ein Ausflug ins Hinterland eine Alternative zu den vollen Stränden am warmen Mittelmeer. Die Einheimischen bevorzugen das kühle Nass in der **Schlucht des Flusses Hérault.** Hinter **Aniane** gibt es nahe der **Pont du Diable,** die Jakobspilger bereits im 11. Jh. überquerten, eine Badestelle mit einem Stück Flussstrand und Kanuvermietung. Wer es abenteuerlicher und abgeschiedener mag, folgt der Straße Richtung St-Guilhem-le-Désert, die die Schlucht säumt, und klettert zum **Baden** die steile felsige Böschung bis zum Fluss hinunter. Der Fluss verläuft die ganze Zeit tief unten zwischen weiß leuchtenden Felsen entlang der Straße, ist aber nur an ein paar Stellen zugänglich. Die Leute klettern einfach hinunter, die einzige offizielle Badestelle ist vom Parkplatz der Maison du Grand Site aus zu erreichen.

Nahe der Pont du Diable zieht **St-Jean-de-Fos**, seit dem 14. Jh. ein Töpferdorf, mit dem **Argileum** Keramikfans an. An der Straße entlang der Schlucht kann man im Sommer zur Abkühlung eine geführte, 80-minütige Besichtigung der **Grotte de Clamouse** (auf 900 m Länge zu besichtigen) mit Filmvorführung und Lichtshow machen, einer von unterirdischen Wasserläufen geformten, konstant 15 °C kühlen, sehenswerten Tropfsteinhöhle.

Das mittelalterliche Dorf **St-Guilhem-le-Désert** in einem Seitental hat das Label „Schönstes Dorf Frankreichs" und ist Ausgangspunkt für Wanderungen durch eine fantastische Kalksteinfelslandschaft. Aufgrund des großen Andrangs öffnen im sonst sehr ruhigen Dorf in der Saison viele Restaurants, Shops und Hotels. Die frühromanische **Abbaye de Gellone**, 804 von Guilhem, dem Herzog Wilhelm von Toulouse gegründet und im 11. Jh. neu erbaut, entwickelte sich bereits im 9. Jh. zum Wallfahrtsort für Jakobspilger. Sie barg die Reliquie eines Splitters vom Heiligen Kreuz, das Karl der Große Wilhelm als Dank für militärische Dienste geschenkt hatte. Seit dem 11. Jh. ruht Wilhelm in der Krypta. Über 140 Skulpturen und weitere Objekte aus dem Kreuzgang des Klosters sind heute im New Yorker Museum The Cloisters zu sehen. Das Museum vor Ort (April–Nov. tgl. 13.30–18.30 Uhr, Eintritt frei) im Speisesaal der Mönche zeigt einen Film zur Geschichte und Modelle des Kreuzgangs.

Die Pont du Diable und die Abbaye de Gellone am **Chemin d'Arles**, einem der Jakobswege nach Santiago de Compostela, zählen wie der Weg selbst seit 1998 zum **UNESCO-Weltkulturerbe.** Seit 2010 sind sie zusammen mit den Gorges de l'Hérault als **Grand Site de France** klassifiziert.

› Anfahrt: Bus 308 von Hérault Transport startet in Montpellier (Tram: Mosson), hält an der Pont du Diable, direkt vor der Grotte de Clamouse und auch in St-Guilhem-le-Désert. Vom Maison du Grand Site an der Pont du Diable fahren in den französischen Schulferien und in der Saison auch kostenlose Shuttlebusse nach St-Guilhem-le-Désert.

• 18 **Argileum,** Maison de la Poterie, 6 Avenue du Monument, 34150 St-Jean-de-Fos, Tel. 0467564196, www.argileum.fr, April–Juni und Sept.–Nov. Di–So 10.30–12.30, 14–18, Juli/Aug. Di–So 10–19 Uhr, Eintritt 6/3,50 €

• 19 **Grotte de Clamouse,** Route de St-Guilhem-le-Désert, Tel. 0467577105, www.clamouse.com, Eintritt (Online-Ticketkauf) 13,90 €, erm. 12,40 €, Kinder bis 12 Jahre 8,80 €, Kinder bis 4 Jahre frei, deutsche Audioguides, Zugang tgl. ab 11 Uhr stündlich

• 20 **Maison du Grand Site,** Pont du Diable, 34150 Aniane, Tel. 0467575883, 3. Juli–4. Sept. 10–19, sonst 10–13 und 14–17/18 Uhr. Infozentrum.

ⓘ 21 **Office de Tourisme St-Guilhem-le-Désert,** 2 Place de la Liberté, 34150 St-Guilhem-le-Désert, Tel. 0467564197, www.saintguilhem-valleeherault.fr/de, Juli/Aug. 9.30–18.30, sonst 9.30–13, 14–17.30 Uhr. Infos zu St-Guilhem-le-Désert auch im Maison du Grand Site, Pont du Diable.

MONTPELLIER ERLEBEN

034mo-ps

Montpellier für Kunst- und Museumsfreunde

Die Museumsszene von Montpellier ist überschaubar, bietet aber viel Abwechslung. Kunstliebhabern wird die rege Galeristenszene gefallen, die mit Vernissagen das kulturelle Leben bereichert. Einige der privaten Kunstgalerien verkaufen durchaus erschwingliche Kunst- und Kultobjekte. Street-Art-Künstler sind in der Stadt ebenfalls aktiv (s. S. 100) und in der Altstadt gibt es auch Galerien, die sich auf Street-Art spezialisiert haben.

Das **Musée Fabre** 3, ein Museum für Schöne Künste von internationalem Rang, verfügt über 9200 m² Ausstellungsfläche. Das heute topmoderne Haus ist seit den Zeiten, als Stendhal und Vincent van Gogh es besuchten, wohl kaum mehr wiederzuerkennen. Die **Abteilung für Dekorative Künste** (Musée des Arts Décoratifs 4) ist in der Stadtvilla eines reichen Patriziers nebenan untergebracht.

In Montpellier wurde sehr früh Pharmazie gelehrt und in **historischen Apotheken** (Pharmacie et Chapelle de la Miséricorde 5 und Musée de la Pharmacie Albert Ciurana) sind Fayencen, Porzellan und andere Gefäße für Arzneien erhalten.

Aktuellere Kunst zeigt das **Musée d'Art Brut** (s. S. 61) im umgebauten Wohnhaus des Künstlers Fernand Michel. Für Liebhaber zeitgenössischer Kunst führt kein Weg an **MO.CO. Panacée** (s. S. 64) vorbei. Das Kunstzentrum mit nettem Café-Restaurant zeigt stets drei Ausstellungen meist junger Nachwuchskünstler gleichzeitig. Es kooperiert mit Montpelliers École des Beaux Arts (Kunsthochschule). Zweites Highlight für zeitgenössische Kunst ist das **MO.CO.** in Bahnhofsnähe (s. S. 63), das als zusätzliche Attraktion einen spektakulären Garten und das Restaurant Faune bietet.

Vorseite: Kunst in den Innenhöfen beim Festival des Architectures Vives (s. S. 95)

Museen

› **Musée Atger,** Faculté de Médecine 12. In Glasvitrinen und Holzschränken birgt das Museum Zeichnungen und Stiche, die zu Lebzeiten des Stifters Xavier Atger (1758–1833) alle damals bekannten Zeichentechniken repräsentieren. Mediziner waren im Montpellier der Aufklärung universell gebildet, d. h. in Geisteswissenschaften und oft ebenfalls in Botanik, Tierkunde und Anatomie. Daher lernten sie das Zeichnen und konnten sich dank der Sammlung Atger von einigen der berühmtesten alten Meister der Malerei inspirieren lassen (s. S. 33).

22 [cg] **Musée de la Pharmacie Albert Ciurana,** 15 Avenue Charles Flahault, Tram: Boutonnet, Tel. 0411759355, **derzeit wegen Renovierung geschlossen.** Das 1972 eröffnete Apothekenmuseum in der pharmazeutischen Fakultät ist nach seinem Gründer, einem Apotheker, benannt. Im *droguier,* einer Apotheke mit den Holzschränken und Keramikgefäßen vergangener Jahrhunderte und einer Sammlung von rund 10.000 Proben medizinischer Heilpflanzen aus verschiedenen Ländern wird die Geschichte der Pharmazie anschaulich.

4 [D3] **Musée des Arts Décoratifs.** Die Patriziervilla gehört seit 1967 dem Musée Fabre. Ausgestellt sind Mobiliar der adeligen Vorbesitzer, Sammlerstücke eines kunstsinnigen Antiquars aus Montpellier und Objekte der Abteilung

für Dekorative Künste des Musée Fabre. Im Erdgeschoss kommen Fans von Porzellan (Sèvre, Meißen, Delft, China) und Fayencen (Apothekergefäße aus Montpellier) auf ihre Kosten. Teilweise stammen sie noch aus der Ursprungssammlung des Museumsgründers François-Xavier Fabre (s. S. 26).

8 [C3] **Musée du Vieux Montpellier.** Im ersten Stock des Hôtel de Varennes zeigt die Sammlung des stadtgeschichtlichen Museums Gemälde, Mobiliar, sakrale Kunst und hochwertiges Kunsthandwerk. Hier bekommt man einen Einblick in die Stadtentwicklung, Wohnwelten von Adel und Großbürgertum und lernt die Prominenz vergangener Tage kennen, neben Bischöfen auf diversen Porträts ist auch Sébastien Bourdon abgebildet, einer der bekanntesten Maler der Schule von Montpellier (s. S. 28).

3 [D3] **Musée Fabre.** Insgesamt 8000 Werke umfasst der Gesamtbestand und jedes Jahr wird neue Kunst erworben. In 52 Sälen sind um die 800 Gemälde und Skulpturen, 900 Gravuren und 3500 Zeichnungen dauerhaft zu bewundern. Das außergewöhnliche Museum von internationalem Rang spannt den Bogen von Werken des Gründers Fran-

Mein Tipp

Art Brut

Fernand Michel (1913–1999) war ursprünglich Buchbinder und ein Freund und Bewunderer von Jean Dubuffet, der um das Jahr 1945 den Begriff *Art Brut* für autodidaktische Kunst von Laien und psychisch Behinderten einführte. In den Anfängen seines künstlerischen Schaffens fand Michel ein angerostetes Stück Zink am Strand, das Basismaterial seines späteren Werks werden solllte, das Sonnenuntergänge und kuriose Frauenfiguren aus Zinkstücken umfasst.

Michels Söhne Patrick und Denys zeigen im früheren Wohnhaus der Familie auf 800 m² heute eine wesentlich größere Sammlung, als der kunstbesessene Vater ihnen hinterließ (750 Werke). Nach dem LaM in Lille besitzt das Museum mit 2500 Werken die zweitgrößte Art-Brut-Sammlung Frankreichs. Patrick Michel, zuvor Inhaber einer Werbeagentur, kaufte und suchte etwa sieben Jahre lang in ganz Europa Art Brut: bei den Künstlern, ihren Familien, den Erben ... In der Dauerausstellung präsentiert das Museum um die 800 Werke von 250 faszinierenden Personen, darunter psychisch Kranke, Gefängnisinsassen oder Traumatisierte. Ihre Kunst wirkt schon für sich sehr intensiv, aber noch spannender ist die Lektüre der Lebensläufe und Obsessionen der Künstler (auf Französisch und Englisch). Patrick Michel kennt viele von ihnen persönlich.

M 23 [E1] **Musée d'Art Brut,** 1 Rue Beau Séjour, Tram: Beaux-Arts, Tel. 0467796222, www.musee-artbrut-montpellier.com, Mi–So 10–13, 14–18 Uhr, Eintritt 8/6 €. Der Erlös der kleinformatigen Originale aus dem Museumsshop geht zu 100 % an die Künstler.

035mo-ps

çois-Xavier Fabre über Schenkungen des unkonventionellen Sammlers, Mäzens und Konservators Alfred Bruyas bis zu den Outrenoirs-Bildern des Malers Pierre Soulages aus Rodez. Vom Vorplatz führen geometrische Muster aus Granit und Marmor zum Eingang, eine Installation des Künstlers Daniel Buren (s. S. 22).

8 [C3] **Musée Fougau.** Mitglieder eines okzitanischen Heimatvereins betreiben ehrenamtlich das kuriose Museum in der 2. Etage des Hôtel Varennes über dem Musée du Vieux Montpellie. Stadtbewohner stifteten viele der nostalgischen Exponate. Auf Wunsch bekommen Besucher Erklärungen auf Französisch. (s. S. 28)

24 [dh] **Site Archéologique Lattara – Musée Henri Prades,** 390, Av. de Pérols, 34970 Lattes, Tram: Lattes, Tel. 0467997720, www.museearcheo.montpellier3m.fr, Mo, Mi–Fr, 10–12, 13.30–17.30, Sa, So und Fei 14–18 Uhr, Eintritt 4 €, Audioguide 1 €, Ausstellungen 5 €. Das Museum neben der Ausgrabungsstätte der antiken Stadt Lattara (500 v. Chr.–200 n. Chr.), deren Hafen 700 Jahre lang ein kommerzielles Drehkreuz der Mittelmeervölker war, zeigt Ausgrabungsfunde. Exponate und Infotafeln informieren über die antiken Kulturen und den Hafen. Vom Obergeschoss blickt man über die archäologische Stätte. Da dort noch immer Grabungen laufen, können Besucher sie nicht betreten.

036mo-ps

Ausstellungsorte und Kunstgalerien

25 [C3] **Artcan Gallery,** 5 Rue du Canneau, Tel. 0681699058, www.artcan-gallery.com. Galerie mit Schwerpunkt Urban Art, von den USA der 1980er-Jahre bis zu Banksy. Mitbegründer ist der Maler, Sammler und ehemalige Auktionator Diego Escobar.

26 [B4] **Carré Ste-Anne,** 2 Rue Philippy, Tel. 0467608211, nur bei Ausstellungen, **derzeit wegen Restaurierung geschlossen.** Die neugotische Kirche aus dem 19. Jh. soll nach der Sanierung wieder als Ausstellungsort für zeitgenössische Kunst eröffnen.

27 [D4] **Espace Dominique Bagouet,** Esplanade Charles de Gaulle, Tel. 0467634278, nur bei Ausstellungen Mi–Mo 10–13, 14–18 Uhr, Eintritt frei. Der nach einem französischen Tänzer und Choreographen benannte städtische Ausstellungsraum zeigt Wechselausstellungen (19. bis 21. Jh.).

28 [A5] **FRAC,** 4–6 Rue Rambaud, Tel. 0499742035, www.frac-om.org, Eintritt frei. Wechselausstellungen aus der zeitgenössischen Kunstsammlung der Region Okzitanien und Montpellier.

29 [D3] **Galerie Atdown,** 20 Rue du Plan de l'Olivier, Tel. 0467542632, www.

Mittags ruhig, abends oft Livemusik: das Café des MO.CO. Panacée (s. S. 64) galerie-atdown.com. Di–Sa 11–19 Uhr. Die Galerie eines Street-Artist-Kollektivs.

30 [C4] **Galerie d'Art St-Guilhem,** 21 Rue St-Guilhem, Tel. 0467671734, www.hosotte.com/galerie-montpellier.html, Di–Sa 13–19 Uhr. Hier stellt Tristan Hosotte, Sohn des Malers George Hosotte und Schüler von Robert Dutrou, dem Grafikdrucker von Pierre Alechinsky und Miró, seine Aquarelle aus.

31 [C4] **Galerie de l'Ancien Courrier,** 3 Rue de l'Ancien Courrier, Tel. 0467607188, www.galerieanciencourrier.com, Di–Do 14–18.30, Fr, Sa 10–12.30, 14.30–18.30 Uhr. Vertritt seit 1990 zeitgenössische südfranzösische und katalanische Künstler.

32 [D3] **Galerie Nicolas-Xavier,** 2 bis Rue Glaize, Pl. des Musées, Tel. 0499654394, www.galerienicolasxavier.com, Di–Sa 10–12.30 und 14–18 Uhr. Galerie des Street Artist Nicolas Callu alias Sade.

33 [C4] **Galerie Samira Cambie,** 16 Rue St-Firmin, Tel. 0680641222, www.galeriesamiracambie.com, Di–Sa 10–12, 14–19 Uhr. Regelmäßig Ausstellungen zeitgenössischer französischer Künstler.

34 [C1] **Le Lieu Multiple,** 3 Rue de Moissac, Tram: Pl. Albert St-Charles, Tel. 0607401016, https://lelieumultiplemontpellier.wordpress.com, nur bei Ausstellungen Mi–Sa 15.30–19 Uhr. Dieses Forum für zeitgenössische Kunst im Viertel Boutonnet wird von einem gemeinnützigen Verein betrieben.

35 [C4] **L'Espace St-Ravy,** Pl. St-Ravy, Tel. 0467348880, Di–So 13–19 Uhr. Städtischer Ausstellungsraum im Erdgeschoss einer Altstadtvilla.

36 [C4] **N°5 Galerie,** 5 Rue Ste-Anne, Tel. 0981053975, www.n5galeriemontpellier.com, Di–Sa 10–13, 14–18.30 Uhr. Die Galerie in der Altstadt stellt regionale Nachwuchskünstler aus und verkauft von Designern und Künstlern konzipierte originelle Geschenke.

37 [D5] **MO.CO.,** 13 Rue de la République, Tel. 0499582800, Juni–Sept. Di–So 11–19, Okt.–Mai Di–So 11–18 Uhr, Garten: Juni–Aug. 11–2, Sept.–Mai 11–1 Uhr, Restaurant Faune mit Terrasse Di–Sa 12–1, So 11.30–18 Uhr. Ausstellungen mit Werken zeitgenössischer Kunst in einer großzügigen Villa aus dem frühen 19. Jh. und einem „Garten der fünf Kontinente". Architekt Philippe Chiambaretta baute die historische Stadtvilla um und schuf 1800 m² Ausstellungsfläche, auf der Kunstwerke internationalen Formats präsentiert werden. Der Name MO.CO. (Abkürzung für „Montpellier contemporain") spielt auf das New Yorker MoMA an. Zu dem Kunstnetzwerk des MO.CO. gehören auch das MO.CO. Panacée (s. S. 64) und Montpelliers Kunsthochschule Esba (École Supérieure des Beaux-Arts de Montpellier).

MEIN TIPP

Auf Deutsch in die Kunstszene eintauchen

Obstbäume, ein Koi-Teich und eine mit viel Holz ökologisch zum Heimatelier umgebaute ehemalige Lagerhalle – dieser Ort zwei Tramhaltestellen hinter der Gare St-Roch ist ungewöhnlich. Das 4 m lange Tor, ein Laserschnitt aus Kortenstahl, ist eine Gemeinschaftsarbeit der beiden Künstler, die hier wohnen und arbeiten: die Deutsche Sylvia Hansmann und der Franzose Stephan Barron, Professor für Kunsttheorie an der Universität Paul Valéry. Nach Terminvereinbarung zeigen sie gern einige ihrer Werke. Sie sind in der Kunst- und Galeristenszene vernetzt und stellen ab und zu auch internationale Künstler aus.

38 [cg] **FRUC (Forcement Révolutionnaire utopique et creatif),** 3 biz Rue Labbé, Tel. 0676111392, sms@fruc.biz, Tram: Nouveau St-Roch

39 [C3] **MO.CO. Panacée,** 14 Rue de l'École de Pharmacie, Tel. 0434887979, www.moco.art, Juni–Sept. Mi–So 11–19, Okt.–Mai Mi–So 11–18, Café Mi–Sa 10–1, So 10–18 Uhr, Eintritt frei. Stets drei Ausstellungen parallel, u. a. neue Formen der Kunst, z. B. Videoinstallationen. Mit Auditorium und Künstlerunterkünften. Helles Café mit langer Theke und kulturellen Events. Serviert wird auch im Innenhof mit Liegestühlen unter ein paar Bäumen.

40 [D4] **Pavillon Populaire,** Esplanade Charles de Gaulle, Tel. 0467661346, Di–So 10–13, 14–18 Uhr, im Sommer 11–13, 14–19 Uhr, Eintritt frei. Zeigt Fotoausstellungen bekannter zeitgenössischer Fotografen.

Mediterran: Tapenade und Frisches vom Markt

037mo-ps

Montpellier für Genießer

Essen und Trinken

Sechs Austern aus Bouzigues am 20 Autominuten entfernten Étang de Thau und dazu ein erfrischender weißer Languedoc-Wein auf einer Altstadtterrasse – Glück kann so einfach sein! Aber Spezialitäten aus Montpellier? Da verweisen viele Einheimische auf Sète, das eine von früheren italienischen Einwandern geprägte Küche mit ausgezeichnetem Ruf hat.

Montpelliers Restaurants verarbeiten frische und **vielfältige Zutaten aus der Region,** Reis aus der Camargue, Fleisch aus dem Gers und dem Aveyron. Fenchel, Auberginen, Artischocken, Feigen und Oliven sowie Kräuter aus dem Languedoc und der Provence machen Montpelliers Küche unverkennbar südfranzösisch-mediterran.

Oliven

Dank der weiten Olivenhaine in Montpelliers Umgebung sind Oliven und Olivenöl in einfachen wie auch gehobenen Restaurants die Basis der guten Küche und die Menschen kennen sich mit den Olivensorten ihrer Region aus. Die strahlend grünen **Lucques,** die nur im Languedoc-Roussillon wachsen, sind größer als die **Picholines,** die meist zu dem beliebten Olivenöl aus Nîmes verarbeitet werden. Schwarze Lucques, eine Spezialität der Coopérative l'Oulibo bei Narbonne, sind seltener.

Zum Aperitif, zu Salaten und Gerichten wird neben Oliven oft **Tapenade** gereicht, ein mediterraner Brotaufstrich aus schwarzen Oliven, Kapern, Sardellen, Knoblauch, Olivenöl und etwas Zitronensaft. In Montpellier lässt man Kapern und Sardellen (die bekannten *anchois* aus Collioure) auch schon mal weg. Auch Kalbsragout wird im Languedoc mit Oliven gekocht.

Klassiker um Rind, Kalb und Geflügel

Der französische Klassiker **Gänsestopfleber** *(foie gras)* soll ursprünglich durch reiche Händler nach Montpellier gelangt sein, die sie den Produzenten aus dem Quercy gegen Feigen abhandelten und traditionell mit Äpfeln aus dem Vigan aßen. Heute tauchen Gänsestopfleber, **Entenleber** *(foie de canard),* **Entenbrust** *(magret de canard)* und **Innereien** *(tripes)* in Montpellier auf vielen Speisekarten auf, ebenso wie **Confit,** leicht gepökeltes und in Fett gekochtes bzw. in Schmalz eingelegtes Fleisch von Gans, Ente oder Schwein, gewürzt z. B. mit schwarzem Pfeffer und Lorbeerblättern. *Confit de canard* zählt neben Wurst, Schweinefleisch und Bohnen zu den Zutaten des mit Käse überbackenen Eintopfs **Cassoulet.**

Camargue-Stiere werden heute nicht mehr wie im Mittelalter in Montpellier geschlachtet, aber eine gute **Gardianne de taureau** mit in Rotwein mit Kräutern mariniertem und stundenlang geschmortem Stier- oder Rindfleisch (ein typisches Camargue-Gericht) findet man ab und zu auch in Montpellier. **Camargue-Reis** und **grüner Spargel** sind häufiger als Gruß aus der Camargue auf den Speisekarten zu finden.

Esskastanien *(châtaigne)* aus den Cevennen kommen im Oktober und November in die Suppe, werden zu Mehl für Brot verarbeitet oder als Beilage zu Wild oder dem feinen Rindfleisch **Boeuf d'Aubrac** serviert. Das süße **Kastanienpüree** *(crème de châtaigne)* schmeckt zu Ziegenkäse und Joghurt und kann in Tuben und Konserven als Mitbringsel gekauft werden.

Gastro- und Nightlife-Areale
Bläulich hervorgehobene Bereiche in den Karten kennzeichnen Gebiete mit einem dichten Angebot an Restaurants, Bars, Clubs, Discos etc.

Käse und Kartoffeln

Schinken, Wurst und Käse wie Bleu de Causses, Roquefort aus Schafsmilch und der Ziegenkäse Pélardon stammen aus den nahen Cevennen. Zu den im Süden wie in ganz Frankreich beliebten **Käsesorten** zählen Mont d'Or, Cabécou, Brie, Livarot, Gruyère von der Alm, Bleu d'Auvergne, Rocamadour aus Ziegenmilch, Laguiole, Bethmale, eine herbe Kuhkäse-Spezialität aus dem Ariège, oder Tomme. So wird ein kleiner runder Käse bezeichnet. Es gibt z. B. Tomme des Pyrénées aus Kuhmilch oder den Schafskäse Tomme de brebis. Er schmeckt oft würzig, die Blauschimmelrinde schneidet man vor dem Verzehr ab.

Tomme de Laguiole aus der Milch der Aubrac-Kühe und gute Kartoffeln gehören zu traditionellen südfranzösischen Gerichten: Viel Knoblauch, Räucherspeck, Crème fraîche und der richtige Käse lassen den Käsekartoffelauflauf **Truffade** gelingen. Das Kartoffelpüree **Aligot** ist im Aveyron und in den Cevennen verbreitet. Auch **Gratin dauphinois,** das aus Frankreich und der Schweiz bekannte, klassische Kartoffelgratin mit Muskatnuss und Meersalz, oder

039mo-ps

Frisch gegrillte Garnelen: Mediterranes mit asiatischem Touch

Gratin languedocien, ein Auflauf mit Tomaten, Zwiebeln, Auberginen und Crême fraîche, sind in Montpellier beliebt.

Fisch und Meeresfrüchte

Zum Austernessen kann man einen Ausflug ins **La Ferme Marine des Aresquiers** (s. S. 54) nach Vic-la-Gardiole oder zum Étang de Thau machen, aber Austern und Muscheln sind natürlich auch in Montpellier zu haben, ebenso wie frischer Fisch von den Fischerbooten aus Palavas, Le Grau-du-Roi und Sète. Zu einer typischen **Meeresfrüchteplatte** gehören Krebse, Meeresschnecken *(boulots),* Austern und Muscheln. Die **Bouillabaisse** bzw. *bouillinade* oder *bourride* des Languedoc kommt in Montpellier weniger kalorienreich auf den Tisch als in Marseille. Seeteufel *(baudroie),* Knurrhahn *(grondins)* und Roter Drachenkopf *(rascasse)* werden traditionell mit pürierten Tomaten und Kartoffeln gekocht und mit Paprika und Safran gewürzt. Ein Klecks Aioli und Brotkrusten gehören ebenfalls dazu.

Seiche **(Tintenfisch)** wird mit Gemüse und Hackfleisch gefüllt *(farci)* serviert oder in Tomatensoße mit Knoblauch, Zwiebeln und Weißwein *(rouille de seiche).* **Tielles sètoises** kann man in den Halles Castellane (s. S. 87) kaufen. Die mit Tintenfischstückchen und würziger Tomatensoße gefüllten Teigtaschen werden in Restaurants heiß oder lauwarm als Vorspeise serviert. Ursprünglich stammt das Rezept aus Neapel, da viele italienische Familien von dort nach Sète emigrierten. Auch die *macaronade* (Maccaroni, Speck, Rindfleisch, Tomatensoße) weist italienische Einflüsse auf. Eine echte Delikatesse, erfunden in Sète, sind *encornets farcis:* Tintenfisch, gefüllt mit einer Zwiebel-Kräuter-Crème-fraîche-Soße und Kabeljaufilet.

Süßes

Crème catalane, Tiramisu und **Fondant mi-cuit,** der unwiderstehliche Schokoladenkuchen mit flüssigem Kern, sind **Dessertklassiker** und in guten Restaurants begeistern innovative Köche mit kreativen Varianten. *L'oreillette* bzw. *bougnettes* sind köstliche **Beignets,** Fettgebackenes mit feinem knusprigen Teig und Orangenblütenaroma.

Außer den Grisettes (s. S. 67) verkaufen Feinkostgeschäfte **Leckereien aus Mandeln und Schokolade** wie die *Pavés St-Roch* und die *Délices des Trois Grâces,* schwarze Schokolade mit feinen Gewürzen, oder *l'Écusson,* eine Schokolade, die Konditoren zum 1000. Geburtstag der Stadt im Jahr 1985 kreierten.

Regionaltypisch sind *Pâtés de Pézenas,* köstliches **Blätterteiggebäck** mit Zimt und Zucker und etwas Hammelfleisch gefüllt, das ursprünglich aus Schottland stammt.

Wein

Weinliebhaber können sich freuen: Montpellier liegt im Languedoc-Roussillon, Frankreichs größtem und ältesten Weinanbaugebiet. Noch vor den Römern begannen die **Griechen** 600 v. Christus bei Agde Wein anzubauen und im nahen Lattes fanden Archäologen bei Ausgrabungen im Keller eines Hauses des etruskischen Lattara (s. S. 62) Samen von Weinstöcken, die sie auf 500 v. Chr. datierten.

Die **Römer** nutzen die Via Domitia, um den Weinhandel von Montpellier entlang der Flüsse Lez und Vidourle bis Castelnau bzw. Ambrussum zu etablieren. 782 führte Witiza, der Sohn des Grafen von Maguelone, die Benediktsregel ein, die die Mönche zum Weinanbau verpflichtete und ihnen auch erlaubte, zum Mittagessen ein Glas Wein zu trinken.

Professoren der École de Médecine von Montpellier erfanden und verbesserten den **Alambic** (Destillierkolben) zum Schnapsbrennen. Der Arzt und Chemiker **Jean-Antoine Chaptal** etablierte im 18. Jh. eine Methode zur Verbesserung der Weinjahrgänge, die zu wenig Sonne bekommen hatten. Das Chaptalisieren erhöhte den Alkoholgehalt des Weins durch Zugabe von Zucker.

Im 19. Jh. fanden Agraringenieure aus Montpellier ein **Mittel gegen die Reblaus.** Der Schädling hatte die Weinkulturen bereits nahezu komplett vernichtet, konnte aber nun bekämpft werden. In der Folge entwickelte sich die südfranzösische Wiege des Weinbaus zunehmend in Richtung Monokulturen und Massenproduktion.

Vom Lakritzbonbon zur Clapassade

Die „Grisettes", Bonbons aus Honig und Lakritz, deren Tradition bis ins Mittelalter zurückreicht, kennt in Montpellier jeder, doch ausgerechnet Michel Otell, ein Student aus Kanada, gewann 2010 einen von der Stadt lancierten Wettbewerb zu Montpelliers kulinarischer Identität.

Der Kanadier erfand das Gericht „Clapassade": in einer Bouillon aus Lakritz und Honig geschmortes Hammelfleisch, das wie ein „Steinbrocken" auf dem Teller arrangiert wird. Otell ließ sich davon inspirieren, dass Montpellier bis heute in lokalen Medien „Le Clapas" und die Stadtbewohner entsprechend „Clapassiens" genannt werden. „Clapas" ist das okzitanische Wort für die Steine oder Felsbrocken, auf denen die Stadt auf dem Hügel in Höhe des Palais de Justice gegründet wurde.

Die Grisettes bekommt man in vielen Feinkostgeschäften Montpelliers. Das Unternehmen Rucher de la Hacienda stellt sie hier noch her, aber der deutschstämmige Inhaber Raymond Muller hat keine Nachfolger ...

Sucht man ein Restaurant, in dem man heute „Clapassade" probieren kann, heißt es Glück haben ... Der PR-Gag für das kulinarische Image ist längst nur noch ein kleines Steinchen in dem kulturellen Mosaik der Küche, die Einflüsse aus allen Mittelmeerländern aufweist.

Heute beläuft sich die Produktion des Languedoc – ein großer Teil für den Export – auf über 16 Mio. Hektoliter, angebaut auf 340.000 ha Fläche. Preiswerte Landweine aus dem Kanister gibt es immer noch, aber moderne Winzer setzen nicht mehr auf „Masse statt Klasse“, sondern auf authentische **Qualitäts- und Bioweine.** Heute stammen bis zu 3 Hektoliter aus 15 Gebieten mit kontrollierter Herkunftsbezeichnung (AOC).

Rund 80 % der Languedoc-Weine sind **Rotweine** aus den Rebsorten Syrah, Grenache Rouge, Carignan und Mourvèdre. Bei den **Weißweinen** kommen Rebsorten wie Grenache blanc, Picpoul, Bouboulenc, Macabeu und Clairette zum Einsatz.

Montpellier hat mit den **Grés de Montpellier** (www.montpellier.vin) ein eigenes Gebiet mit kontrollierter Herkunftsbezeichnung (AOC). Auf der Website der Winzer findet man Winzeradressen (mit Karte), Übernachtungsmöglichkeiten auf Weingütern, Restauranttipps und Weinbars.

040mo-ps

Die Grés sind tief **rubinrote Weine** mit starkem Geschmack und fruchtigem Aroma. Angebaut werden sie vom Hérault-Tal im Westen bis zur Vidourle im Osten und vom Pic St-Loup 27 im Norden bis zur Küste im Süden. Trockenes Klima und eine feuchte Brise vom Meer lassen den Wein frühzeitig reifen. Die Berge der Cevennen und der Montagne Noir schützen sie gegen Witterungseinflüsse aus dem Norden. Der Begriff „grés“ („Kieselstein“) bezieht sich auf die harten Kalkböden und das Kieselgeröll, geologische Überreste aus dem Rhône-Delta.

27 ha Wein bewirtschaftet das **Château de Flaugergues** 25, ein Lust- und Weinschlösschen am Stadtrand, das auf Anfrage auch Führungen durch das Weingut anbietet. In Montpelliers Bars schmecken die beliebten **Weine vom Pic St- Loup** besonders gut. Sie stammen aus einem Gebiet, wo Wacholder, Thymian, Lorbeer, Rosmarin und Zistrose wachsen. Um den Étang de Thau zwischen Agde, Pézenas und Sète wird der Weißwein **Picpoul de Pinet** aus nur einer Rebsorte *(monocépage)* gekeltert, ein am Meer gewachsener leichter Wein für heiße Sommertage.

Als der Schriftsteller François Rabelais im 16. Jh. in Montpellier Medizin studierte, widmete er Passagen in „Gargantua und Pantagruel“ dem **Muscat de Mireval**, der bis heute im gleichnamigen Ort bei Sète produziert wird. Der **Muscat de Frontignan** aus der Nachbargemeinde war ab der Zeit Karls des Großen eine begehrte Handelsware. Dieser Vin Doux Naturel aus der Muskateller-Rebsorte Muscat blanc à petits grains ist seit 1936 ein AOC-Wein. Wer einen Mietwagen hat, kann den beliebten Aperitifwein Muscat de Frontignan auf der **Domaine de la Plaine** (s. S. 54) direkt beim Erzeuger kosten.

Weitere Getränke und Apéro

Wer **alkoholfrei** bleiben will, bestellt **Mineralwasser** (*eau plate* ist ohne und *pétillante* mit Kohlensäure), z. B. Perrier aus der Nähe von Nîmes oder Vernière aus Lamalou-les-Bains. Die sommerliche Hitze macht Montpellier prädestiniert für erfrischende **Smoothies, Fruchtsäfte** und originelle **alkoholfreie Cocktails.**

Zur südfranzösischen Lebensart gehört der **Apéro**, d. h. man trifft sich im Freundeskreis oder in der Familie draußen auf einer Terrasse oder zu Hause, um gemeinsam einen **Aperitif** zu trinken und sich ganz langsam und sehr gesellig auf das Abendessen einzustimmen. Selbst, wenn man statt der üblichen Weine oder Cocktails nur Wasser, Saft oder ein Bier trinken möchte, eine Einladung zum Apéro schlägt niemand aus.

In Montpellier gibt es mehr Cocktail- als Weinbars und wie in anderen europäischen Städten einen Trend zum **Craft-Bier** aus kleinen Brauereien, wobei der Anteil an belgischen Bieren sehr hoch ist. Oft fallen die Zeit für den Apéro und die Happy Hour zusammen und neben Cocktails werden Shots (Kurze) angeboten. **Pastis, Cassis, Cognac, Gin, Vodka, Rum** und **Whiskey** sind weit verbreitet.

Aus Marseillan kommt **Noilly Prat** (www.noillyprat.com), ein auf der Basis der Weißweine Clairette und Picpoul de Pinet in Eichenfässern ein Jahr im Freien ausgebauter **Wermut.** Andalusischer Mistela sorgt für zusätzliche Süße. Enthalten sind mindestens 19 Pflanzen und Kräuter. Noilly Prat gibt es in den Varianten Extra Dry, Original Dry, Rouge und Ambré. Muskat, Süßorange, Holunder, Oregano, Akanthusblatt, Melisse, Koriander, Schwertlilie, Zimt, Kakao, Lorbeer, Distel, Kamille, Vanille, Chinabaum und Gewürznelke können für Würze sorgen und machen den Wermut beim Aperitif und im Kochtopf zum Genuss.

Gris blanc, ein Rosé von den Sandböden der Camargue

Trinkwasser

In den meisten Regionen Frankreichs – so auch in Montpellier – kann das Leitungswasser bedenkenlos getrunken werden.

Im Restaurant

Das **Frühstück** spielt im Alltag der Südfranzosen keine allzu große Rolle. Ein Stück Baguette mit Marmelade oder ein Croissant zum Espresso, Milchkaffee *(café au lait)* oder Tee genügt den meisten. Am Wochenende bieten einige Cafés Brunch.

Mittags sind Restaurants in der Regel von 12 bis 14 oder 14.30 Uhr geöffnet. Da der Lunch meist preiswerter ist als das Abendessen, kann es sich lohnen, dann in ein gehobenes Restaurant zu gehen. In mittelpreisigen Restaurants ist ein Mittagsmenü mit drei Gängen oft schon für ca. 15 € zu haben.

Ab 18.30 oder 19 Uhr trifft man sich zum **Apéro,** einem Aperitif auf einer Terrasse. Die Kernzeit für das **Abendessen** ist dann zwischen 20 und 22.30 Uhr. Am Wochenende wird

Montpellier für Foodies

In Montpelliers stimmungsvoller Altstadt laden zahlreiche Terrassen dazu ein, lokaltypische Produkte und Weine zu verkosten. Wer mit etwas höherem Anspruch essen gehen möchte und sich fragt, ob in einem Restaurant auch gut ausgebildete Köche am Werk sind, kann auf die Titel achten, mit denen oft stolz geworben wird: **Maître Restaurateur** ist eine Garantie dafür, dass hausgemachte frische Produkte auf den Tisch kommen. Den Titel **Meilleur Ouvrier de France** können Köche, Konditoren und Chocolatiers als Teilnehmer an dem Wettbewerb „bester Handwerker Frankreichs" alle vier Jahre erwerben.

Montpellier hat inzwischen einige Restaurants mit Michelin-Stern zu bieten, darunter **Le Pastis** (s. S. 74) und **Reflet d'Obione** (s. S. 77). Im Sternerestaurant **La Réserve Rimbaud** (s. S. 75) schwingt Küchenchef **Charles Fontès** das Zepter. Die Zwillingsbrüder **Jacques und Laurent Pourcel,** die auch das Strandrestaurant **Carré Mer** (s. S. 93) gegründet haben, stehen ebenfalls für die Spitzenküche der Stadt. Mit ihrem Le Jardin des Sens heimsten sie bereits von 1998 bis 2005 drei Michelin-Sterne ein, gingen dann, sozusagen als Küchenbotschafter, nach Asien, wo sie mehrere Restaurants eröffneten. Bevor sie anschließend ihren Foodie-Tempel Le Jardin de Sens in dem Luxushotel an der Place de la Canourgue ⑩ wiedereröffneten, führten sie das Restaurant **Terminal #1** (www.terminalpourcel.com) im Industrie-Schick einer umgebauten Weinlagerhalle neben dem **Marché du Lez** (s. S. 88). Dort, in einer Industriebrache am Fluss hinter Port Marianne, bieten mehrere Restaurants frische, lokaltypische Produkte in legerem Ambiente an. Zum Brunchen oder am Abend ist es ein Szenetreff gut situierter junger Stadtbewohner.

Zum Ensemble des Marché du Lez gehören inzwischen auch die **Halles du Lez,** ein urbaner Food Court mit Dachterrasse, in dem Gastronomen, die etwas auf sich halten, ihre regionaltypischen Produkte und Gerichte feilbieten. Mit dem ambitionierten Projekt für urbane Genießer will man das Flair der Halles de Bocuse in Lyon nach Montpellier holen.

Gastronomische Talente und Gourmets kommen auch in **Les Halles 610** zusammen, einem modernen Food Court auf einer Industriebrache im Norden, der zum „place to be" geworden ist – Terrassen, Rooftop-Bar, Brasserie und Foodtrucks inklusive.

› **Halles du Lez,** im Marché du Lez (s. S. 88), Di–Sa 10–24 Uhr

41 [df] **Les Halles 610,** Rue Louis Breguet, www.le610.com, 8–22 Uhr

meist eine Stunde länger serviert. Sonntag- und montagabends haben viele Restaurants geschlossen, zudem empfiehlt sich generell eine **Reservierung,** insbesondere wenn man erst um 21 Uhr kommen möchte. Die meisten Restaurants bieten abends mehrere **Menüs** mit drei bis fünf oder sogar mehr Gängen an, die verschiedene Preiskategorien abdecken. Dreigängige Menüs sind in der Regel preiswerter als eine Bestellung à la carte. In **Wein- und Tapasbars** geht es legerer zu. Man kann verschiedene Gerichte und Getränke degustieren, was jedoch am Ende nicht unbedingt preiswerter ist als ein Restaurantbesuch.

In klassischen Restaurants und Cafés ist es üblich, **am Eingang zu warten**, bis der Kellner einem einen Platz zuweist. Das **Trinkgeld** beträgt 5 bis 10 % der Rechnung und man lässt es auf dem Tisch liegen.

In gehobenen Restaurants lautet die erste Frage am Tisch oft „Désiréz-vous un apéritif". Dann bestellt man z. B. Muscat, Pastis, Ricard, Kir oder Champagner, lässt sich einen Vorschlag machen oder lehnt ab. Das **amuse-gueule** bzw. **mise en bouche** ist ein kleiner Appetitanreger vor der **Vorspeise.** In einem oder mehreren **Hauptgängen** folgen Fisch, Geflügel und Fleisch.

In gehobenen Restaurants wird nach der Hauptspeise ein **Käsewagen** an den Tisch gefahren, aber auch sonst hat man die Möglichkeit, vor oder statt dem Dessert lokaltypische Käse zu probieren. Die **Nachtische** sind meist köstliche kleine Kunstwerke, die vielleicht im Anschluss einen **Digestif** erfordern. Eine Alternative ist ein **Café gourmand,** süße Köstlichkeiten wie Schokolade, Eis und ein Kuchen zu einer Tasse Kaffee.

Empfehlenswerte Lokale

Gut und Günstig

42 [B4] **Bistrot Ste-Anne** €, 7 Pl. du Petit Scel, Tel. 0980585754, tgl. 10–24 Uhr. Kleine Bistrogerichte, Burger mit frischen Bratkartoffeln, französische Kuchen und Desserts, regionale Weine – all das verlockt zum Verweilen auf der großen Terrasse vor der Kirche Ste-Anne.

43 [B6] **Brasserie Le Dôme** €, 2 Av. Georges Clemenceau, Tram: St-Denis, Tel. 0467926670, www.ledome montpellier.fr, Mo–Sa 7–24 Uhr, So, Fei 7–15 Uhr. Eine Familie mallorquinischen Usprungs führt die Brasserie in der dritten Generation. Nachmittags bekommt man zu Tee oder Kaffee hausgemachtes Gebäck, abends werden Tapas-Teller und französische Gerichte serviert. Auch Gesprächskreise, Vorträge, Jazz etc.

Preiskategorien der Restaurants

Preiskategorien für ein Hauptgericht ohne Getränke

€	bis 38 €
€€	38–85 €
€€€	über 85 €

44 [C3] **Burger et Ratatouille** €, 1 Rue Rosset, Tel. 0467661354, www.burgeretratatouille.com, tgl. 12–14.30, 19–22.30 Uhr. In diesem Restaurant mit großer Terrasse an der Place du Marché aux Fleurs wird die große Auswahl an Burgern, benannt nach französischen Regionen wie Larzac, Provence. Périgord, aus denen die Zutaten stammen, mit hausgemachten Pommes oder Kartoffelpüree und Salat serviert. Auf der Karte stehen auch immer ein Ratatouille und ein vegetarischer Burger.

45 [D4] **Cantine d'Adrien** €, 25 Blvd. Sarrail, Tel. 0467604817, Mo–Sa 9–19 Uhr. Das Bistro mit Blick auf die Esplanade Charles de Gaulle serviert hausgemachte saisonale Gerichte von Tajine mit Hühnerfleisch, Aprikosen und Mandeln bis zu Tartar mit Salat.

46 [B3] **Comptoir de l'Arc** €-€€, 2 Rue de l'Hôtel de Ville, Tel. 0467603079, tgl. 7–1 Uhr, So Brunch. Das Restaurant mit Terrasse an der hübschen Place de la Canourgue serviert hausgemachte Tapas und französische Küche.

47 [C3] **Empanadas Club** €, 15 Rue de Ratte, Tel. 0483432823, www.empanadasclub.com, Di–Sa 12–15, 19–24 Uhr. Das Team um die Gründer Diego und Adrien führen das argentinische Restaurant und die beliebte Terrasse, als wäre Montpellier Buenos Aires.

042mo-ps

Zu essen gibt es Empanadas, gefüllte Teigtaschen. Das Original enthält Rinderhack, Zwiebeln, Pfeffer, Oregano, Paprika und Cumin. Es gibt eine Empanada mit Huhn, eine mit Wurst aus Toulouse, eine mit vier Käsesorten, eine vegetarische und jeden Monat eine Überraschungs-Empanada.

48 [C4] **La Bistrote** €-€€, 4 Rue Philippy, Tel. 0467661417, Mo–Sa 12–14.30 Uhr. Das kleine, gastfreundliche Lokal in der Nähe der Place Ste-Anne serviert ideenreiche, typisch südfranzösische Küche, Salate mit Toast, Tapenade und Oliven sowie köstliche Kuchen und Desserts. Abends besser reservieren.

49 [C5] **La Prairie Mimosa** €, 12 Rue de la Fontaine, Tel. 0499669818, Di–Do 12.15–15, Fr, Sa auch 19–23 Uhr. Dieses Lokal mit Vintage-Deko, offenen Steinwänden und wie in vielen Haushalten bunt zusammengewürfelten Tellern und Tassen serviert im Szeneviertel St-Roch auch an ein paar Tischen draußen. Die frisch zubereiteten Gerichte, z. B. mit Huhn oder Schweinefleisch vom Bauernhof *(fermier)*, stehen auf der Schiefertafel.

Le Pré Vert in der südlichen Altstadt hat eine schattige Terrasse

50 [A6] **La Table des Poètes** €-€€, 2 Rue Desmazes, Tel. 0499611959, https://la-table-des-poetes.com, Mo–Fr 12–14.30 und 19.30–22 Uhr. Küchenchef Thomas Réa bietet Menüs aus gesunden Produkten von hoher Qualität. Man kann abends für 19.30 und 21 Uhr online reservieren, was ratsam ist. Jede Woche kommt ein neues Menü und eine neue *formule du midi* (22–28 €) auf den Tisch. Einmal im Monat veranstaltet er Verkostungsabende in der Weinbar – eine gute Gelegenheit, um sich unter einheimische Stammgäste und Kenner zu mischen.

51 [C5] **La Tomate** €, 6 Rue Four des Flammes, Tel. 0467604938, Mo–Sa 12–14, 19.30–22 Uhr. Dieses Restaurant zählt zu den ältesten der Stadt. An den Tischen mit karierten Tischdecken in einem rustikalen Raum mit Kamin geht es locker und herzlich zu. Zu essen gibt es ständig wechselnde, hausgemachte Gerichte, darunter Fischsuppe, *cassoulet* mit *confit de canard*, große Salate oder gebackenen Camembert.

52 [B3] **Le Petit Jardin** €-€€, 20 Rue Jean-Jacques Rousseau, Tel. 0467607878, www.petit-jardin.com, Restaurant tgl. 12–13.45 und 19.30–21.30, Bistro Di–Sa 12–13.45 und 19.30–21.30 Uhr.

Kalbscarpaccio, *Linguines alle vongole, Kefta Burger,* Tataki vom Angusrind – die Karte des Bistros in diesem feinen Restaurant mit Garten entführt die Besucher auf eine erschwingliche kulinarische Reise auf fünf Kontinente. Im Restaurant serviert der Chef Clément Gueudré französische Klassiker mit kreativem, modernen Touch.

53 [B4] **Le Pré Vert** €, 10 Rue Ste-Anne, Tel. 0467027281, www.restaurant-leprevert.fr, tgl. 12–15, 19.30–23 Uhr. Das nette Restaurant mit Terrasse hinter der Kirche Ste-Anne fungiert zugleich als Café und Teestube. Mittags und abends gibt es französische Klassiker, z. B. Jakobsmuschelgratin oder gebackenen Camembert mit Kräutern. Die Salate sind ganze Mahlzeiten und haben anregende Namen wie Tulpe, Hibiskus und Nénuphar (Seerose). Kinderteller für 9 €, Eiscreme und Sorbets, u. a. mit Lakritzgeschmack, Feigen- und Fleur-de-Sel-Aroma.

54 [C4] **Le Tire Bouchon** €€, 2 Pl. Jean Jaurès, Tel. 0467662650, bei Facebook, Mo–Sa 12–14.30, 19–22.30 Uhr, So nur mittags. Die Terrasse des Bistros mit dem Namen „Korkenzieher" zu Füßen der Statue von Jean Jaurès füllt sich bei gutem Wetter schnell. Auf den Tisch kommen gute Tropfen aus der Region und Gerichte aus frischen Zutaten vom Markt, frische Salate, raffinierte Fischgerichte und hausgemachtes Eis.

Meine Tipps

Der erste Kaffee

Im stilvoll-modernen **Coldrip** (s. S. 78) kommen zum Frühstück oder Brunch u. a. Pfannkuchen mit Ahornsirup oder Toasts mit Ziegenkäse und Obst auf den Teller. Im **Napoleon Dynamite** (s. S. 31) gibt es Latte mit Ingwer und Kardamom, heiße Schokolade, exquisite Tees, hausgemachtes Müsli und knackig gesunde Gerichte aus frischen Zutaten.

Für den späten Hunger

Bis Mitternacht bekommt man im **Le Yam's** (s. S. 79) an der Place de la Comédie etwas zu essen, bis 23 Uhr in der **Brasserie Le Dôme** (s. S. 71), im **Ü-Fish** (s. S. 74), im **Tôt ou Tard** (s. S. 81), im **Le Bouchon St-Roch** (s. S. 41) und im **Le Spot** (s. S. 74) an der Place des Beaux-Arts.

Dinner for one

Auch allein kann ein Besuch in den **Halles du Lez** (s. S. 88) interessant werden. Zwischen Halles und Marché hat man die Qual der Wahl: Rooftop-, Foodtruck- oder lieber Brasserie-Ambiente? Im **Le Tire Bouchon** (s. oben) sitzt man auf der quirligen Place Jean Jaurès gegenüber der Markthalle Castellane und **im Café der Galerie MO.CO. Panacée** (s. S. 64) sowie dem **Gazette Café** (s. S. 82) trifft man auf ein Publikum mit Sinn für Kunst und Kultur.

Lokale mit guter Aussicht

Die Bar des Pullman-Hotels (s. S. 126) befindet sich auf dem Dach, von dem man einen tollen Ausblick hat. Einen weiten Blick über die Küste bis zur Skyline von Montpellier bietet auch das Bar-Restaurant **Le Phare Méditerranée** in Palavas-les-Flots.

Essen mit Meerblick kann man in den *plages privées* wie **Le Carré Mer** (s. S. 93) und **Zénith Plage** (s. S. 55). Auf der Terrasse des Sternerestaurants **La Réserve Rimbaud** sitzt man am Fluss Lez.

55 [di] **Le Phare Méditerranée** €-€€, 1 Place de la Méditerranée, 11. OG, Palavas-les-Flots, www.restaurant-le-phare-palavas.com, Di–Sa 12–14 und 19.30–22, So 12–14.30 Uhr. An der Bar gibt es kleine Gerichte, im Restaurant gehobene Küche aus frischen saisonalen Zutaten.

56 [B4] **Thym et Romarin** €-€€, 14 Rue Roucher, Tel. 0499617229, Mo, Di, Do 19.30–22, Fr 12–14 und 19.30–22 Uhr. Der Name des Lokals erinnert an die Kräuterdüfte in der *garrigue* (Strauchheide) des Hérault. Was es in dem kleinen Restaurant zu essen gibt, steht auf einer Schiefertafel. Camembert, Kabeljau, Ente oder Rind, traditionell südfranzösisch zubereitet, sind oft dabei. Im Untergeschoss speist man unter gotischem Gewölbe. Besser reservieren.

57 [C4] **Ü-Fish** €, 6 Rue de la Vieille, Tel. 0467605145, Mo–Sa 12–16, 19–24 Uhr, So 18–24 Uhr. Das kleine Imbiss-Restaurant hat eine beliebte, im Gassengeflecht versteckte Terrasse. Neben frischem Backfisch gibt es Gerichte mit gebratenen Auberginen oder Ziegenkäse sowie Burger. Unkompliziert und kindgerecht für eine Stärkung für zwischendurch.

Mittlere Preisklasse

58 [C4] **Comptoir St-Paul** €€, 2 Rue St-Paul, Tel. 0467661658, tgl. 12–15, Mi–So auch 18–22 Uhr. Beliebt wegen der großen Terrasse in der Nähe der Kirche St-Roch. Entweder bestellt man Tapas, z. B. mit spanischem Pata-Negra-Schinken, oder vom jungen Küchenchef ein wenig modernisierte Klassiker wie Carpaccio vom Rind, *Gratin dauphinois*, Thunfischtartar etc.

59 [B3] **La Coquille** €€, 1 Rue du Plan du Palais, Tel. 0467604797, https://restaurantlacoquille.com, Mo–Sa 7.30–24 Uhr. Drei Schwestern führen diese Institution mit Terrasse und ansprechender Deko, die gut situierte Stammgäste anzieht. Dienstags gibt es regelmäßig Couscous, donnerstags Schweinskopf mit Ravigote, einer Kräutersoße nach Großmutters Art. Salate mit Tintenfisch oder Messermuscheln stehen immer auf der Karte. Alles ist hausgemacht.

60 [B4] **Le Bistrot Urbain** €€, 5 Rue Alexandre Cabanel, Tel. 0660949616, www.bistrourbain.com, Di 19.30–23, Mi–Sa 12–15, 19.30–23 Uhr. Hier hat man vielleicht das Glück, eine kalorienreduzierte Bouillabaisse zu probieren oder was dem Küchenchef Cédric Sangenito sonst gerade Kreatives einfällt. Er hat in renommierten Restaurants in Paris, Dijon und Porto Vecchio gearbeitet und serviert an 18 Tischen und auf der Terrasse gehobene Küche zu zivilen Preisen.

61 [D3] **Le Chat perché** €-€€, 10 Rue du Collège Duvergie, Tel. 0467608859, Mo–Sa 19–24 Uhr. Traditionelle französische Küche, manchmal raffiniert, aber dennoch erschwinglich. Auf der wechselnden Karte stehen auch Fischgerichte und vegetarische Optionen. Mit kleiner Terrasse, Glasveranda im Winter und einigen Tischen an der Straße.

62 [B4] **Le Pastis** €€, 3 Rue Terral, Tel. 0467663726, https://pastis-restaurant.com, Di–Fr 12.30–13.30, 20–21.30 Uhr, Sa nur mittags. Das Restaurant wurde mit einem Michelin-Stern ausgezeichnet. Der junge, ambitionierte Küchenchef Daniel Lutrand bereitet aus frischen Produkten „Überraschungsmenüs" zu, dazu empfiehlt das Team lokale Winzertropfen. Man sitzt gemütlich an weiß eingedeckten Tischen unter hohen Decken und darf sich fühlen wie zu Gast bei Freunden. Reservierung empfohlen.

63 [D2] **Le Spot** €€, 6 Pl. des Beaux-Arts, Tram: Corum, Tel. 0467044639, Mo–Sa 10–24 Uhr. Die offenen Steinwände und die farbenfrohe, moderne Einrichtung machen den Charme des Restaurants mit Terrasse aus. Durch eine Glasscheibe kann man in die Küche blicken. Die internationale Karte bietet z. B. asiatische Karotten-Curry-Suppe und maghrebinische Tajine mit Rind-, Hühner- oder Lammfleisch. Abends auch Tapas.

64 [C5] **Les Bains de Montpellier** €€, 6 Rue Richelieu, Tel. 0467607087, www.

les-bains-de-montpellier.com, Mo–Sa 12–14, 20–23 Uhr. Unter den 100-jährigen Palmen im Innenhof der 1770 eröffneten öffentlichen Bäder ist ein Glas Champagner fast obligatorisch. In den früheren Duschkabinen sitzt man auf mit Samt bezogenen Stühlen auf Eichenparkett vor offenen Backsteinwänden. Auf der Karte steht eine große Auswahl französischer Klassiker wie Tintenfisch-Ceviche, Seeteufel, Carpaccio vom Aubrac-Rind oder *magret de canard* (Entenbrust). Das Mittagsmenü kostet 34 €, das Abendmenü 44 €. Man kann mittags auch nur einen großen Salat bestellen.

65 [D3] **Ripailles** €-€€, 6 Rue des Écoles Laïques, Tel. 0467602971, So–Di, Do 12–15, 18.30–22.30, Fr, Sa bis 23 Uhr. Der Name bedeutet „Gelage" oder „Schlemmerei" und das sympathische Restaurant macht ihm alle Ehre. Die Portionen sind großzügig, die Pommes lecker und insbesondere Fleisch- und Weinliebhaber kommen hier auf ihre Kosten.

Gehoben

66 [C3] **Ma Maison** €€, 27 Rue de l'Aiguillerie, Tel. 0467664636, www.mamaison-restaurant.fr, Di, Do–Sa 12–14 und 19–22 Uhr. Eric Cellier, einer der bekanntesten Küchenchefs des Hérault, stammt aus dem Lozère und führt seit 1997 diesen magischen Ort mit ruhigem Innenhof und Gewölbesaal. Kompagnon Pierre Morel berät bei der gigantischen Weinauswahl. Günstige Mittagsangebote (*formule du midi*, außer Sa und Feiertage).

67 [C4] **La Cena** €€€, 2 Pl. Pétrarque, Tel. 0467661221, www.cena-montpellier.fr, Do–Mo 12–13.30 und 20–22.30 Uhr. Clément Briand-Seurat, ein junger, ambitionierter Küchenchef, der vorher in Les Matelles am Pic St-Loup 27 gekocht hat, bringt in einem denkmalgeschützten Gewölbesaal einer einstigen Färberei gastronomische Raffinessen aus frischen, lokalen Produkten von Erzeugern, die er persönlich kennt, auf den Tisch. Eine Option für Vegetarier ist auch immer dabei. Auf der Weinkarte stehen 90 Weine, vorwiegend aus der Region.

68 [D5] **La Closerie** €€, 3 Rue du Clos René, Tel. 0467123232, Mo–Fr 12–14, 19–22 Uhr. An warmen Tagen zieht es die Gourmets in den Innenhof des Hôtel Oceania Métropole. Im Schatten der Bäume neben dem Pool kann man hier die japanisch inspirierten Gerichte des Küchenchefs Eric Guyomard genießen. Reizvoll ist auch der Speisesaal mit seinen Kronleuchtern und hohen Stuckdecken. Auf der Karte stehen z. B. Austern aus Bouzigues, Huhn oder Krabben im Wok und Käsekuchen. Es gibt auch einen Kinderteller.

69 [G1] **La Réserve Rimbaud** €€€, 820 Av. St-Maur, www.reserve-rimbaud.com, Tram: Les Aubes, Tel. 0467725253, Mo–Fr 12–14 und 19.20–22.30/23 Uhr. Zum Restaurant des Sternekochs Charles Fontès gehört eine 120 m lange Terrasse über dem Fluss Lez. 1835 eröffnete an diesem Ort eine *guinguette* (ein volkstümliches Tanzlokal im Grünen). 1875 übernahm es ein gewisser Titus Rimbaud, von dem der Name blieb. Charles Fontès ließ es 2007 restaurieren und führt es mit seinem Bruder François. Das Degustationsmenü kostet 120 €, aber es gibt auch ein Menü für 45 €.

› **L'Insensé** €-€€, Musée Fabre 3, Tel. 0467589778, www.restaurant-insense.com, Mai–Sept. Di–Sa 12–14.30 und 19–22, So 12–14.30, Okt.–April Di–So 12–14.30, Do–Sa auch 19–22 Uhr, Café und kleine Gerichte Di–So 9–22 Uhr, Okt.–April 10–18 Uhr. Das Gebäude auf dem Vorplatz des Musée Fabre fungiert als Museumscafé und zugleich als Restaurant für gehobene französische Küche und Meeresfrüchte. Es gehört Jacques und Laurent Pourcel

(s. S. 70). Hochwertige regionaltypische Zutaten werden in kreative Gerichte verwandelt, z. B. mit Honig aus Montpellier glasierte Lammkeule.

Meeresfrüchte

70 [di] **Au Poisson Bleu** €-€€, Pl. de l'Église, 17 Rue St-Pierre, Palavas-les-Flots, Tel. 0499516905, bei Facebook, Di–So 7–14.30 und 15.30–21.30 Uhr. Die Tische und Hochstühle auf dem kleinen Platz vor dem familiengeführten Fischgeschäft sind bei gutem Wetter immer voll besetzt. Hier kommt der Fang des Tages der lokalen Fischer auf den Tisch – Austern, Muscheln, Fisch, *Tielles sètoises* (s. S. 66) und Meeresfrüchteplatten, authentisch und zu zivilen Preisen in lockerem Ambiente. Dazu gibt es den erfrischenden offenen Weißwein des Hauses.

71 [D5] **Brasserie du Théâtre** €€-€€€, 22 Blvd. Victor Hugo, Tel. 0467588880, www.brasseriedutheatre.fr, Mo–Sa 12–14.30, 19.30–23.30 Uhr, So nur mittags. Verspiegelte Wände, weiß eingedeckte Tische, uniformierte freundliche Kellner, Champagnerflaschen auf der Theke – die elegante Brasserie gegenüber des Künstlereingangs der Opéra Comédie zieht Künstler, Theater- und Geschäftsleute sowie Touristen an. Berühmt sind die Austern und Meeresfrüchteplatten, es gibt französische Klassiker à la carte und mittags ein Lunchmenü für 17,90 €. Kinderteller kosten 13 €. Im Sommer füllt sich die erhöhte Terrasse mit Brunnen schnell.

72 [C3] **Chez Toto** €€, 20 Rue du Palais des Guilhem, Tel. 0467925337, tgl. 12–15, 19–1 Uhr, So nur abends. Besonders abends beliebtes kleines Meeresfrüchterestaurant mit gutem Preis-Leistungs-Verhältnis und authentischem Flair. Hier kann man auch *Tielles sètoises* bestellen. Besser reservieren.

Vegetarisch und für Allergiker geeignet

73 [C4] **Delis Coffee** €, 4 Rue du Bras de Fer, Tel. 0973287157, https://deliscoffee.fr, Mo, Mi–Sa 10–19 Uhr. Hausgemachte Sandwiches, Croques, Bagels und Gebäck für Gourmets und Vegetarier sowie Leute, die zwischen gemütlichen Steinwänden in Ruhe am PC arbeiten möchten. Man darf sich für 1½ Stunden in dem mit Steckdosen und

043mo-ps

leistungsfähigem WLAN ausgerüsteten Bereich niederlassen, wenn man ein Gebäckstück und ein warmes oder kaltes Getränk für 6 € bestellt.

74 [C3] **Les Demoiselles de Montpellier** € ꕥ, 2 Rue de la Carbonnerie, Tel. 0499655643, www.lesdemoisellesde montpellier.fr, Mo–Fr 12–18, Sa 11.30–18, So 15–18 Uhr, glutenfreier Brunch ohne Milchprodukte mit veganen Optionen Sa 11.30–14.30 Uhr. Das Café ist die perfekte Adresse für Lebensmittelallergiker. Als Zutaten kommen vorwiegend glutenfreie Produkte biologischer Herkunft zum Einsatz. Der Konditor verwendet Butter mit glutenfreiem Label, so gut wie keine Eier und berücksichtigt Laktoseunverträglichkeiten. Hier gibt es veganen Möhren-, Schokoladen- und Obstkuchen.

75 [B3] **Reflet d'Obione** €€€ ꕥ, 29 Rue Jean-Jacques Rousseau, Tel. 0499610917, www.reflet-obione.com, Di–Sa abends, Fr, Sa auch mittags. Nachhaltig, gesundheitsbewusst und lecker, das geht! Das Sternerestaurant von Chefkoch Laurent Cherchi lädt mitten im alten Zentrum zum Genießen mit allen Sinnen ein. Getreidearten, Gemüse und andere, teilweise überraschende Zutaten stammen aus biologischem Anbau aus der unmittelbaren Umgebung zwischen Cevennen, Küste und Camargue, das Fleisch stammt aus artgerechter Tierhaltung. Es gibt z. B. Aubrac-Rind, Lamm aus den Salzwiesen der Camargue oder Tomme-Käse aus dem Larzac. Es steht immer ein vegetarisches oder auf Wunsch veganes, laktose- und glutenfreies Menü zur Auswahl und der junge Sternekoch stellt sich individuell auf Allergien oder Unverträglichkeiten seiner Gäste ein.

76 [D2] **Sensible** €€ ꕥ, 25 Rue du Pila ST-Gély, Tel. 0983889090, https://restaurantsensible.fr, Mi–Fr 12–13.30 und 18.30–21, Sa 12–14 Uhr. Ein sinnliches Erlebnis: Das gehobene vegetarische Restaurant bietet kreative Küche. Es nennt sich „Sensible", weil es Natur und Tiere respektiert und sich ökologisches Engagement zum Prinzip gemacht hat. Das Menü Sens aus frischen, lokalen Produkten gibt es in verschiedenen Varianten mit 3, 4 oder 5 Gängen, entweder mit passenden Weinen oder alkoholfreier Begleitung, die aus spannenden fermentierten Getränken besteht. An Wochentagen gibt es auch günstigere Mittagsmenüs.

044mo-ps

Cafés und Teesalons

77 [B4] **Bonobo Coffee Club**, 46 Rue Saint-Guilhem, Tel. 0981484772, www.bonobomontpellier.fr, Mo, Di, Do, Fr 9–14.30, Sa, So 10–15.30 Uhr.

Sommerflair: auf den Terrassen hinter den Halles Castellane (s. S. 87)

Beliebt für einen Meeresfrüchte-Snack: Au Poisson Bleu in Palavas

Leckere Stärkung am Mittag. Gemütliches Café und Top-Adresse zum Brunchen. Der Engländer Nicholas und die Schottin Gemma servieren süße und herzhafte Köstlichkeiten und auch veganen Brunch.

78 [C4] **Café des Arts,** 3 Rue St-Guilhem, Tel. 0467608187, https://lecafedesartsmontpellier.fr, tgl. 10–1, Küche durchgehend bis 23 Uhr. Das Café mit Bar hat einen klimatisierten Saal im ersten Stock, aber das Beste ist die große Terrasse gegenüber den Halles Castellane. Jeden Abend Happy Hour und ab und zu Livemusik. Französische Küche, Salate und Pizzen, auch eine vegetarische Variante.

79 [D4] **Café Riche,** 8 Pl. de la Comédie, Tel. 0434111766, bei Facebook, tgl. 7–1 Uhr. Seit 1893 ist die Terrasse des Café Riche ein bedeutender Treffpunkt. Unter den großen Sonnenschirmen mit Blick auf den Platz kann man sich zum Frühstück Café, Croissant und Orangensaft und später Salate, Burger und einfache Brasseriegerichte bestellen. In den ersten Stock ziehen sich Geschäftsleute zu Besprechungen zurück. Hier haben auch schon Politiker Pressekonferenzen veranstaltet und Wahlsiege gefeiert.

› **Café Tropisme,** in der Halle Tropisme (s. S. 108), Tel. 0467040810, www.tropisme.coop/cafe-tropisme, Mo–Do 9.30–17, Fr 9.30–12, Sa 14–1 Uhr, je nach Event können die Öffnungszeiten variieren, Informationen auf der Website. Gute Mittagessen und tolle Location für alle, die sich unter Montpelliers Kreativszene mischen möchten, die hier in Co-Working-Spaces arbeitet.

80 [D3] **Coldrip,** 4 Rue Glaize, Mo, Fr–So 9–16, Do 11–16 Uhr. Das moderne Café mit historischer Gewölbedecke serviert mediterran und britisch inspirierte Gerichte. Zum Frühstück und

Das Gazette Café (s. S. 82): mit Leseetage und abendlichem Kulturprogramm

Brunch munden zum Beispiel Pfannkuchen mit Ahornsirup oder Avocadomus mit Ziegenkäse. Sonntags oft lange Wartezeiten.

81 [C4] **Le Georges Café,** 11 Rue de la Loge, Tel. 0467660163, Mo–Sa 12–14.30 (Küche), Café und Teesalon durchgehend bis 19 Uhr, von Nov.–April auch So 15–19 Uhr. Kaffee- und Teekenner sowie Gourmets schwören auf das gut besuchte Café mit Terrasse im Innenhof. Es gibt köstlichen Kuchen (von Himbeer-Pistazien-Torte bis zu Banoffee, einem Kuchen aus Banane und Toffee aus England) und frische, leckere Brasserieküche. Gut zum Mittagessen.

82 [C2] **Le Petit Moulu** ✤, 43 Rue de l'Université, Tel. 098391891, http://lepetitmoulu.com, Di–Sa 10–18 Uhr. Die Kaffeerösterei bietet frisch gemahlenen Kaffee aus Kolumbien oder Äthiopien und Teefans finden ein großes Sortiment in Grün und Weiß sowie Bio- und Kräutertees. Trumpf Nr. 3 ist das Angebot an feiner Schokolade und Pralinen. Vielleicht findet man ein Mitbringsel. Auch das Eis und das Gebäck sind köstlich. Schokoliebhabern ist das Fondant mi-cuit, mit warmer flüssiger Schokolade gefüllter Schokoladenkuchen, zu empfehlen.

83 [D4] **Le Yam's,** 4 Pl. de la Comédie, Tel. 0467603427, tgl. 8–2 Uhr. Wegen seiner Lage an der Pl. de la Comédie ist das Café vom Frühstück bis zum Absacker beliebt und ein angesagter Treffpunkt zum Apéritif. Die Brasserie-Küche serviert bis zum späten Abend großzügige Portionen.

Smoker's Guide

In Frankreich gilt in öffentlichen Gebäuden, Restaurants, Bars und Cafés etc. ein generelles **Rauchverbot.**

Montpellier am Abend

Bei warmem Wetter sind die Terrassen der Altstadt bis nach Mitternacht bevölkert. In den zahlreichen Wein- und Cocktailbars lässt sich **das Leben auf südfranzösische Art genießen.** Meist gibt es zum Drink auch Tapas oder kleine kreative Gerichte aus frischen lokalen Produkten. Auch das Café des MO.CO. Panacée (s. S. 64), einem Zentrum für zeitgenössische Kunst, serviert abends frische Tapas.

Ausgehfreudige genießen die hohe Dichte an **Bars mit Livemusik** und der legendäre Konzertsaal Le Rockstore bietet regelmäßig Konzerte. Am Wochenende sind viele Bars und Pubs bis 2 Uhr geöffnet. Erst danach füllen sich die Diskotheken. Ein klassischer **Nachtschwärmer-Streifzug** führt über die Place de la Canourgue 10, die Rue de Ratte [C3], die Rue de l'Université [C2/3] und mit einem Abstecher auf die Place des Beaux-Arts durch die Rue de l'Aiguillerie zurück Richtung Place de la Comédie 1.

Bei allem Charme der mittelalterlichen Gassen und Plätze zieht es die Städter an heißen Sommerwochenenden aus der Stadt hinaus, zum Beispiel in **Strandcafés** *(plages privées)* wie Le Carré Mer (s. S. 93), wo zu später Stunde DJs auflegen.

Einige von Studenten und dem jüngeren Publikum aus der Region frequentierte Discos liegen an den Ausfallstraßen Richtung A9 und Meer. Die **Nachtbusse L'Amigo** (s. S. 127) bringen die Feierlustigen von donnerstags bis samstags (0–5, im Sommer 0–6 Uhr) von der Gare St-Roch [D6] zu den Clubs und Discos u. a. an der Straße nach Palavas-les-Flots oder in Lattes.

Bars und Pubs

84 [dg] **Avva Garden,** 769 Av. Raymond Dugrand, Tel. 0467478567, Mo–Sa 10–15 und 18–1, So 18–1, Happy Hour 18–19.30 Uhr. Philippe Starck designte die lichtdurchflutete Lounge-Bar im Gebäude La Nuage im Viertel Port Marianne. Es gibt mehrere stylishe Räume, kreiert von der Dekorateurin Alice Andrea Lacoste. So kann man vor einer mit Rosen bedeckten Wand das gehobene Essen genießen und stilvoll für Instagram in Szene setzen. Abends ist die gut sortierte Bar ein beliebter Treff, später legen DJs auf und es wird getanzt.

85 [C5] **Comme un dimanche sous le Figuier,** 15 Rue du Petit St-Jean, Tel. 0467606041, So, Mo 19–23, Di–Do 12–14 und 19–23, Fr, Sa 12–1 Uhr. „Wie ein Sonntag unter dem Feigenbaum" – der poetische Name lässt nicht unbedingt eine Wein- und Tapas-Bar erwarten, in der manche Tische Flipperautomaten sind. Zu Soul- und Funk-Musik gibt es auf Quebracho-Kohle Gegrilltes, z. B. Aubrac-Rindfleisch, Lammkoteletts aus dem Aveyron oder überbackene Muscheln. Viele der über 100 Weine sind Bioweine von kleinen unabhängigen Winzern und Cocktails gibt es auch.

86 [cg] **L'Arbre** ✿, 10 Parvis Oscar Niemeyer, Bus 9, 16, 51: Pont Juvénal, Tel. 0434769696, https://larbre-restaurant.fr/le-bar, Di–Sa 18–1 Uhr, Eventprogramm auf der Website. Die Rooftop-Bar auf der Terrasse im 17. Stock des berühmten Gebäudes L'Arbre Blanc (s. S. 101), designt vom japanischen Architekten Sou Fujimoto, bietet eine spektakuläre Aussicht bis zu den Cevennen, zum Pic St-Loup 27 und zum Mittelmeer bis Sète. Es gibt Tapas aus nachhaltig erzeugten Produkten und Cocktails zu noch zivilen Preisen. Ohne Reservierung. Durch Antigone und dann rechts am Lez entlang auch zu Fuß erreichbar.

87 [D3] **La Distillerie,** 67 Rue de l'Aiguillerie, Mo–Sa 18–1 Uhr. Zu Rock- und Metal-Sound dreht sich hier alles um Bier und Rum. Man kann die Burger aus der Nachbarbar „Burger & Co" mitbringen. Montags und dienstags ab 21.30 Uhr Themenabende, z. B. Quiz und Poker.

88 [C3] **La Raffinerie,** 1 Rue Cambacérès, Di–Sa 18–2 Uhr. Die Bar mit Terrasse ist für gute Musik, gute Cocktails und belgische Biere beliebt. Im Keller kann man Billard spielen. Zu essen gibt es Wurst, Käse, Feigenmarmelade und Brot auf einem Brettchen *(planche du bon vivant)*.

89 [C4] **Le Rebuffy Pub,** 2 Rue Rebuffy, Mo, Do 10–1, Di–Sa 11–1, So 15–1 Uhr. Die mit Lampiongirlanden beleuchtete Terrasse zur Rue Foch ist

085mo-ps

ein beliebter Treffpunkt. In dem Pub mit Holzeinrichtung läuft Musik. Elefanten sind sein Markenzeichen, selbst die Teekannen haben die Form der Dickhäuter. Man kann Gesellschaftsspiele leihen.

90 [C3] **Le Triskell,** 20 Rue de Candolle, Mo–Sa 11–1, So 13–1 Uhr. Wenn die Temperaturen mal sinken, bekommt man für die romantisch gelegenen Terrassenplätze Decken. Die Bar ist auf Craft-Biere spezialisiert.

91 [D3] **Tôt ou Tard,** 7 Pl. de la Chapelle Neuve, Tel. 0467660809, www.letotoutard.fr, Do–Di 17–24, Fr auch 10–15 Uhr. Wie der Name verrät, wird von früh bis spät serviert: Auf der großen Terrasse unter Bäumen an der Rue des Écoles Laïques kann man abends einfach nur etwas trinken oder von Fr bis So auch frühstücken und mittags und abends frische französische Gerichte bestellen. Sonntags gibt es Brunch. Ansprechende Innendekoration aus den 1960er-Jahren und mit viel Passion ausgesuchte Weine, z. B. vom Pic St-Loup 27.

Cocktailbars

92 [C4] **Bonsoir Cocktail Bar,** 6 Rue de la Croix d'Or, Tel. 0430220196, www.bonsoircocktailbar.fr, Di–Sa 16–1 Uhr. Diese gut sortierte Cocktailbar, die durchgehend frische Tapas serviert und so für eine solide Grundlage sorgt, ist an lauen Sommertagen ein willkommener Ersatz für ein Diner im Restaurant. Gin und grüner Curry gehören zu den Zutaten der Profi-Mixer. Wer einen Sur Mesure bestellt, kann Wünsche nennen, aus denen die Mixer dann einen perfekten Cocktail zaubern.

93 [dh] **Le Willie Carter Sharpe,** 1348 Av. de la Mer-Raymond Dugrand, bei Facebook, tgl. 10–1 Uhr. Die beliebte, im Stil der amerikanischen Prohibition eingerichtete Bar auf dem Gelände des Marché du Lez (s. S. 88) serviert angesagte Cocktails, dazu gibt es Livemusik und DJ-Sets. Bei Facebook kann man schauen, was aktuell stattfindet.

94 [C3] **Mosquito Latino,** 13 Rue de Ratte, www.mosquitolatino.com, Di–Sa 19–1 Uhr. Nette Cocktailbar mit Terrasse, lateinamerikanischer Küche und studentischem Publikum direkt neben dem Empanadas Club.

95 [C4] **Phantom Bar,** 14 Rue des Soeurs Noires, Tel. 0670426559, www.phantombar.fr, Mo–Sa 18–1 Uhr. Lucie und Christophe haben für ihre gesellige Cocktail-, Craftbeer- und Weinbar das Thema Hüte gewählt, schlicht und einfach, weil sie auch Hutmacher sind – eine kuriose Kombi, durch die man schnell ins Gespräch kommt. Es gibt auch Gerichte aus saisonalen Produkten zu den Drinks und wer möchte, kann sich für einen Mixologie-Kurs anmelden.

96 [C5] **Rhum Runners,** 12 Rue Jules Latreilhe, www.rhum-runner.com, tgl. 18–1 Uhr. Rumsorten aus 34 verschiedenen Ländern von England bis Martinique und leckere Cocktails kann man hier auch auf der Terrasse probieren.

Livemusik

97 [C4] **Black Out,** 6 Rue de la Vieille, tgl. 18–1 Uhr. Über der Bar wölben sich Spitzbögen, es gibt einen Flatscreen für Sportübertragungen. Spezialität des Hauses ist Black Mojito mit gutem Gewürzrum aus den USA. Eine lange Terrasse lockt nach draußen. Im Konzertsaal wird ein vielfältiges Programm aus Jazz, Hip-Hop, Elektro und Folk geboten.

98 [D2] **Black Sheep,** 21 Blvd. Louis Blanc, tgl. 18–1 Uhr, bis 20 Uhr Happy Hour. Die Bierbar bietet 15 Biere aus dem Zapfhahn und 300 Biersorten aus

Nach dem Opernbesuch eignen sich die Bars auf der Place de la Comédie 1 ideal für einen Drink

048mo-ps

der Flasche, u. a. Craft-Biere und belgische Biere. In den Konzertsaal passen 120 Leute und häufig treten Rock- und Punkbands auf.

99 [C6] **Gazette Café**, 6 Rue Levat, Tel. 0467590759, www.gazettecafe.com, Di–Sa 10–1 Uhr. Ein Olivenbaum und eine Bücherecke gehören zu dem Kulturcafé auf zwei Etagen, das auf Initiative des Magazins La Gazette entstanden ist. In der umgebauten Peugeot-Werkstatt in der Nähe der Gare St-Roch trifft sich heute Montpelliers Kulturszene. Aus der offenen Küche kommen kleine Gerichte wie gefüllte Tomaten, Salate, Wedges und Burger, gern aus Biozutaten. Ab 20.30 Uhr beginnen Tanz, Theater, Konzerte. Tagsüber kann man hier in Ruhe in Magazinen oder Büchern lesen oder mit seinem Laptop arbeiten.

100 [C6] **L'Antirouille,** 12 Rue Anatole France, Tel. 0467065168, Mi–Sa 20.30–5, Konzerte ab 20.30, Disco ab 24 Uhr, Eintritt frei bzw. je nach Event. Eine Mischung aus Konzertbar und Café Théâtre, zentraler Szenetreff für Studenten, Alternative und Ausgehlustige. Neben Partys stehen Kurzfilme, Tanz, Theater, Comedy und Livemusik auf dem Programm.

Die Place de la Comédie 1 ist der Startpunkt vieler Streifzüge durch die Nacht

101 [D2] **Le Bric à Brac,** 26 Rue des Écoles Laïques, www.bricabrac-bar.fr, tgl. 18–1 Uhr. Di und Do DJ- und Vinylpartys. Am Wochenende Rock- und Punkkonzerte.

102 [B4] **Le Clandestin,** 18 Rue de la Valfere, www.leclandestin.fr, Tel. 0680400576, Di–Sa 18–1 Uhr. „Clandestin" bedeutet geheim, aber dieser Geheimtipp ist bereits eine Institution. Donnerstags bis samstags wird in der Pianobar Pop, Soul, Jazz, französische oder internationale Musik gespielt, ab und zu auch mit Gesang oder weiteren Instrumenten. Zu spanisch inspirierten Tapas bietet die Bar Cocktails und um die 40 ausgewählte Languedoc-Weine.

103 [D2] **Nhu Bahia,** 4 Rue Lunaret, Mo–Sa 18–1 Uhr. In der Konzertbar im Viertel Beaux-Arts wird oft schon zum Apéro getanzt, also weit vor Mitternacht. Tolle Caipirinhas, raffinierte Tapas und häufig DJ-Partys oder Livemusik.

104 [E5] **Sound Station,** 1 Rue du Pont de Lattes, Tel. 0467690498, tgl. 17–1 Uhr. Von 17 bis 21 Uhr ist in dieser Cocktail- und Konzertbar in Bahnhofsnähe Happy

Hour und die Mojitos, Shooter und Pints sind noch preiswerter. Es gibt einige Mojitos, die stets 5 € kosten, und zu den Spezialitäten zählen Mojito Sangria und Mojito Black. Auf dem Mezzanin kann man Billard spielen, im Untergeschoss wird am Wochenende bei DJ-Partys oder Livekonzerten getanzt. Zum Musikrepertoire gehören Elektro, Rock, Jazz Manouche, Reggae, französisches Chanson ...

Clubs und Discos

105 [ch] **Le Coconuts,** Espace Latipolia, La Calade, Route de Palavas, 4970 Lattes, www.lecoconuts.com, Fr, Sa und vor Feiertagen 23–6 Uhr, im Sommer auch Do, Eintritt 13 € (inkl. Getränk). Die Disco in Lattes zieht ein bunt gemischtes Publikum an und ist in der Region eine Referenz für tropische Rhythmen, Dancehall, Kizomba, Salsa, Reggaeton, Hip-Hop etc.

106 [C4] **Le Fizz,** 4 Rue Cauzit, Tel. 0467662289, www.lefizz.fr, Di–Sa 24–5 Uhr, Eintritt 12 € (inkl. Getränk), aktuelle Events siehe Website. Bei Studenten beliebte Disco mit zwei Etagen in der Nähe der Place Jean Jaurès. Viele Themenabende, DJs und Konzerte.

107 [C5] **Le Panama Café,** 5 Rue de la République, www.lepanamacafe.com, Do–Sa 22–6 Uhr, Eintritt frei. Ab 19 Uhr geöffnet, dann beliebt, um ein Bier oder ein anderes Getränk als Apéro auf der Terrasse zu trinken. Ab und zu After-Work-Musikevents. In einem der beiden Säle manchmal Salsa.

› **Le Rockstore** (s. S. 85). Die beliebte Disco mit dem Cadillac über der Tür ist über die Stadtgrenzen hinaus bekannt und veranstaltet lohnende Livemusikevents.

108 [ch] **L'Infinity Superclub,** 129 Av. de Palavas, Tram: Garcia Lorca, Do–Sa 23–6 Uhr, Facebook. Eintritt je nach Veranstaltung. Schicker Club an der Ausfallstraße zum Meer. Ab und zu französische Hip-Hop- und Rap-Abende.

109 [C2] **PZ City Club,** 4 Quai du Verdanson, Tram: Albert I., Tel. 0467793906, www.pzcityclub.fr, Do–Sa 0–7 Uhr, Eintritt an Wochentagen vor 1 Uhr frei, sonst variabel je nach Programm. Bei Erasmus-Studenten und einem Ü-30-Publikum beliebte Disco mit zwei Sälen mit unterschiedlicher Musik. Vier DJs heizen abwechselnd ein.

Für Weinliebhaber

110 [B3] **L'Atelier des Vins,** 3 Pl. de la Canourgue, www.latelierdelacanourgue.fr, Mo 10–19, Mi–Sa 10–21/23 Uhr. Über 300 Weine zur Auswahl, 32 wechselnde kann man am Automaten in gewünschter Menge in sein Glas zapfen. Weinliebhaber können gemeinsam mit französischen Gleichgesinnten an Themenabenden, Verkostungen und Önologieseminaren teilnehmen.

111 [C3] **L'Esprit Vin,** 3 Pl. Chabaneau, Tel. 0467565114, Mo–Sa 7.30–1 Uhr. Auf der schönen, im Winter beheizten Terrasse wird ein Tagesmenü angeboten. Abends kann man zu offenen Weinen aus der Region eine Wurstplatte oder gebackenen Camembert bestellen. Die Kellner geben gern Auskunft über ihre Rotweine vom Pic St-Loup 27 oder über bewährte Tropfen lokaler Winzer.

112 [C4] **Le Verre à Soi,** 17 Rue St-Guilhem, Tel. 0458000145, http://verre-a-soi.fr, Mo, Di 19–24, Mi–Sa 12–24, So 12–16 Uhr. Selbstbedienung in einer Weinbar? Hier kann man sich aus einer wechselnden Sommelier-Auswahl von 32 Weinen die gewünschte Menge selbst ins Glas zapfen. Am Ende bezahlt man, was man an Wein degustiert hat. Zusätzlich gibt es Flaschenweine von kleinen regionalen Produzenten und klassische Grand Crus. Auf Wunsch bekommt man Tapas oder klassische französische Küche.

Theater und Konzerte

Kulturfans können während der Spielzeit **Opernaufführungen** erleben oder **Konzerte** des Orchestre National Montpellier Occitanie Pyrénées-Méditerranée, des Opernchors oder der Kinderoper (Petite Opéra). Musikliebhaber kommen auch beim **Festival Radio France**, bei **Les Internationales de la Guitare** und dem **Festival de Musique** in der Kathedrale von Maguelone auf ihre Kosten (s. S. 93).

Die Domaine d'O und die Cité de la Danse Agora sind Orte für **Tanz** und **Ballett.** Montpellier hat eine lebendige **Theaterszene,** allerdings sind die Stücke auf Französisch. Berühmte Adressen für **Rock-, Pop- und Indiekonzerte** sind Le Rockstore und Zénith Sud. Lokale Bands und Nachwuchsmusiker treten häufig in Bars mit Livemusikprogramm auf.

In Montpelliers **Sinfonieorchester** spielen 93 Musiker und der **Opernchor** besteht aus 31 Sängern. Die **Oper** führt ein vielfältiges Repertoire von Barockmusik bis zu Musik des 20. Jh. auf. Kostenlose Führungen (sog. *préambules*) durch das Opernhaus (auf Französisch) sind vor den Vorstellungen möglich, wenn man sich über die Website anmeldet. Eine geführte Besichtigung der Oper bietet auch das Office de Tourisme (s. S. 113).

Tickets für Veranstaltungen bekommt man auf den Websites der Veranstaltungshäuser, an der Kasse oder bei der Fnac (s. S. 91). Die Website www.montpellier-events.com (auch auf Englisch) informiert über aktuelle Veranstaltungen im Corum, dem Parc des Expositions (Messegelände), dem Zénith Sud und der France de Sud Arena.

113 [C2] **Agora – Cité Internationale de la Danse,** 18 Rue Ste-Ursule, www.montpellierdanse.com, Tel. 0467608360, Ticketbüro Mo–Fr 9.30–12.30, 14–18 Uhr. Sitz des Centre Chorégraphique National de Montpellier und von Montpellier Danse, den Veranstaltern des renommierten, 1981 von dem Choreografen Dominique Bagouet gegründeten Festivals für zeitgenössischen Tanz. Bühne, Proberäume und Wohnungen für Gasttänzer in einem restaurierten Ursulinenkloster.

086mo © Ugo, stock.adobe.com

114 [cg] **Conservatoire de Montpellier,** 13 Av. du Professeur Grasset, https://conservatoire.montpellier3m.fr, Tel. 0467668840, Tram: Louis-Blanc. Das Musikkonservatorium, die Musikhochschule der Stadt, bietet klassische Konzerte, Ausstellungen. Oft kosten sie keinen Eintritt.

115 [bg] **Domaine d'O,** 178 Rue de la Carriérasse, Tram: Malbosc, www.domainedo.fr, Tel. 0800200165, Kasse (im Théâtre Jean-Claude Carrière) Di, Do 14–18 Uhr und siehe Website. Schloss aus dem 18. Jahrhundert mit 23 ha Garten und einem Open-Air-Amphitheater. Veranstaltungsort vieler Festivals wie der Fête de la Musique. Auch auf dem Gelände: das moderne Gebäude des Théâtre Jean-Claude Carrière aus recycelten Materialien (vorwiegend Holz) und das Théâtre d'O mit zwei Sälen in einem früheren Weinlagerhaus.

116 [D5] **Le Rockstore,** 20 Rue de Verdun, www.rockstore.fr, Di–Sa ab 18.30 Uhr Café Rock, nach den Konzerten 24–5 Uhr Clubbing. Legendärer Indie-Musik-Konzertclub im Zentrum. Seit 1986 über 3000 Konzerte. Zu Gast waren u. a. schon Radiohead, Lenny Kravitz, Cat Power, Noir Désir, La Mano Negra, Sébastien Tellier, teilweise noch bevor sie international bekannt wurden. Auch lokale Bands treten hier auf. Nach Mitternacht finden im Grande Salle Indie-, Sixties- Urban-Bass- oder andere Themenabende statt und im Saal L'Etage wird je nach DJ Elektro oder Independent gespielt.

•117 [dg] **Le Zénith Sud,** 2733 Av. Albert Einstein, Domaine de Grammont, Bus 52 bis Place de l'Europe (Antigone) bis Zénith Sud, Sa, So Shuttlebus ab dem Gaumont-Kino im Odysseum (s. S. 89), Tel. 0467616761, www.zenithsud-montpellier.com. Die große Veranstaltungshalle bietet 4000 bis 6000 Plätze. Der Saal kann auf 1200 bis 2000 Plätze verkleinert werden. Rock- und Popstars, Nachwuchsmusiker und große französische Komiker treten hier auf; auch Musicals, Ballet und Zirkus zählen zu den Events.

118 [B2] **Maison des Choeurs,** Pl. Albert 1er, Chapelle St-Charles, www.montpellier.fr/4293-maison-des-choeurs.htm, Tel. 0467664514. Die restaurierte barocke Kirche gehört der Stadt und ist heute der Chormusik gewidmet. Hier finden Proben, Fortbildungen, Workshops und Konzerte statt. Der Konzertsaal bietet 150 Plätze. Die Verwaltung des Hauses hat der Chorverein der Stadt inne. In Montpellier gibt es um die 40 Chöre und vokale Ensembles.

119 [D3] **Opéra Berlioz/Le Corum,** Esplanade Charles de Gaulle, www.opera-orchestre-montpellier.fr, Tram: Comédie oder Corum. Das Kongresszentrum Le Corum beherbergt einen Saal für Aufführungen und Konzerte mit rund 2000 Plätzen. Der Salle Pasteur ist ein weiterer Veranstaltungssaal, ein Auditorium für Kammermusik mit toller Akustik und 745 Ledersesseln.

120 [D5] **Opéra Comédie,** Pl. de la Comédie, Tram: Comédie, www.opera-orchestre-montpellier.fr, Tel. 0467601999, Tickets online oder am Schalter Di–Sa 10–13, 14–18 Uhr. Der Opernsaal nach italienischem Vorbild hat 1200 Plätze auf fünf Etagen und eine 440 m² große Bühne. Die Kuppel malte der Künstler Jean-Baptiste Arnaud-Durbec aus Marseille aus. Die Stadt, dargestellt als Frau, versammelt Literaten und Musiker um sich. Über der Bühne sind traditionelle Tänze des Languedoc dargestellt. Der Eingang zum kleineren Salle Molière (11 Blvd. Victor Hugo) mit 360 roten Samtsesseln hinter dem Gebäude

Agora: denkmalgeschütztes Zentrum für Tanz und Choreografie

049mo-ps

ist ebenfalls prächtig ausgemalt, unter anderem mit Akanthusblättern und der Leier des Gottes Apollon.

•121 [dh] **Sud de France Arena,** Route de la Foire, 34470 Pérols, Tram: Parc Expo, www.suddefrance-arena.com, Tel. 0467176817. Internationale Größen wie Bruce Springsteen, Shakira und Indochine standen hier schon auf der Bühne. Die moderne Veranstaltungshalle für Sportveranstaltungen, Kongresse und Großkonzerte auf dem Messegelände Parc des Expositions bietet Platz für 7500 (bei Bestuhlung) bis 13.500 Menschen.

122 [dg] **Théâtre des 13 vents,** Domaine de Grammont, www.13vents.fr, an Vorstellungsabenden kostenlose Shuttlebusse (Navette 13 Vent): 19–19.40 Uhr mehrere Fahrten ab Place de France (Odysseum), Rückfahrt bis Place de l'Europe, Antigone. Vom Staatstheater Centre Dramatique National Montpellier werden klassische, progressive und international bekannte Stücke wie „Hamlet" auf die Bühne gebracht.

Montpellier zum Stöbern und Shoppen

Daumen hoch für einen Einkaufsbummel durch die Altstadt. Ob Tapenaden, Terrinen, Schokoladenkreationen oder Wein – kulinarische Mitbringsel aus der Region verführen zum Kauf. Französische Modemarken und Parfüms sowie Küchenartikel wie Austernmesser konkurrieren mit Vintage- und Flohmarktartikeln sowie individuellen Designs lokaler Kunsthandwerker. Keramik aus Montpellier erinnert an die lange Fayence-Tradition und bezaubernde Spielzeuggeschäfte entführen in die Welt der Kinderträume.

Shoppingadern sind die **Fußgängerzonen** Grand Rue Jean Moulin [C5–D4], Rue de la Loge [C/D4] mit der Markthalle, Rue St-Guilhem [B/C4] und Rue du Puits du Temple [B/C4]. Besonders viele schöne Geschäfte in historischen Häusern säumen

Shoppingareale
Die wichtigsten Shoppingbereiche der Stadt sind im Kartenmaterial mit einer rötlichen Fläche markiert.

die einstige Postkutschengasse **Rue de l'Ancien Courrier** [C4].

Viele **Kreative, Kunsthandwerker** und lokale **Schmuck- und Modedesigner** konzentrieren sich um das Carré Ste-Anne und im **Quartier St-Roch** entlang der Rue Alexandre Cabanel [B4/C5]. Unter www.ateliers-st-roch.com findet man einen Stadtplan und eine Broschüre mit ihren Adressen. Sie fertigen Einzelstücke „made in Montpellier" und beleben einst vernachlässigte Straßenzüge, in denen heute bunte Fähnchen flattern, die Neugierige anlocken.

In der **nördlichen Altstadt** sind insbesondere die Rue de l'Université [C2/3] und die Rue de l'Aiguillerie [C4/D3] die Lebensadern mit Street-Art-, Piercing- und Barbershops, Boutiquen und Bars. Viele kleine Läden in der Altstadt haben montags oder am Vormittag geschlossen und viele machen zwischen 12.30 und 14 Uhr Mittagspause.

Im Trend liegen **multifunktionale Concept-Stores**, die zugleich Boutique, Trödelmarkt und Cafés sind. Zum Vintage- und Trödelshopping im Viertel Port Marianne ist der **Marché du Lez** beliebt. Die beliebte Halle mit Hof, Terrasse, Foodtrucks und Restaurants wie La Baraquette und Lady Sushi grenzt an das noch etwas sterile moderne Wohn- und Büroviertel.

Vintage und Mode im Obergeschoss des Marché du Lez

Märkte und Markthallen

123 [C4] **Les Halles Castellane,** Rue de la Loge, Pl. Castellane, Tram: Comédie, Mo–Sa 7–20, So bis 13.30 Uhr. 26 Händler bieten Fisch, Obst und Gemüse, Weine und viele kalte und warme Feinkostgerichte an, die an den Tischen hinter der Halle sofort verzehrt werden können.

124 [G4] **Les Halles Jacques Cœur,** Blvd. d'Antigone, Tram: Léon Blum, tgl. 7–20.30, So bis 14 Uhr. Moderne Markthalle mit Café-Restaurant und Lebensmittelständen.

125 [C5] **Les Halles Laissac,** Blvd. de L'Observatoire, Tram: Observatoire. Die runde, transparente Markthalle im historischen Baltard-Stil mit Café-Restaurant und Terrasse befindet sich auf dem Platz gegenüber der Tour de la Babote.

126 [cg] **Marché aux Puces,** Espace Mosson, Tram: Mosson oder Bus 5: Europe, So 6–13.30 Uhr. Großer Trödel- und Flohmarkt mit bis zu 450 Händlern.

Gemüseeinkauf in den Halles Castellane

050mo-ps

127 [F4] **Marché d'Antigone,** Av. Samuel de Champlain, Tram: Antigone, So 8.30–13.30 Uhr. Bauernmarkt mit bis zu 52 Ständen. Im Winter Mi 7.30–13.30, im Sommer bis 17.30 Uhr Lebensmittelmarkt an der Place du Nombre d'Or.

128 [cg] **Marché des Arceaux** ꕥ, Blvd. des Arceaux, Tram: Les Arceaux, Di, Sa 7–13.30 Uhr. Obst und Gemüsemarkt unter dem Aquädukt, einige Bioprodukte, Di 8–17 Uhr auch Trödelmarkt und Verkauf von Secondhandbüchern.

129 [dh] **Marché du Lez,** 1348 Av. Raymond Dugrand, Tram: Pablo Picasso, www.marchedulez.com, Trödelmarkt Di–So 10–19 Uhr, Restaurants tgl. 12–14.30, 20–23.30 Uhr, jeden zweiten Samstag im Monat Flohmarkt auf dem angrenzenden Gelände. Foodtrucks, Street-Art, ein Speicher und ein Hof mit Trödel sowie Pop-up-Bars im Sommer.

Kulinarisches und Wein

130 [C3] **Amandeous,** 23 Rue de l'Aiguillerie, www.amandeous.fr, Di–Sa 10–19.30 Uhr. Hier gibt es zum Beispiel *Clapas,* eine Schokoladenspezialität aus Montpellier. Das Café des Geschäfts serviert heiße Schokolade, im Sommer auf der Terrasse an der Place de Pétrarque.

131 [C4] **Au Grands Vins de France,** 1 und 3 Rue de l'Argenterie, www.auxgrandsvinsdefrance.com, Mo 15–19.30, Di–Do 10–13, 14.30–19.30, Fr, Sa 10–19.30 Uhr. Traditionsgeschäft für AOC-Weine aus dem Languedoc (Degustation und Beratung).

132 [C4] **Gérard Cabiron,** 10 Grand Rue Jean Moulin, www.cabiron-boutique.com, Di–Fr 10.15–13 und 13.45–19, Sa 10–19 Uhr. Feinkostladen und Eisdiele für Gourmets: Macarons, Schokolade, Eis vom Feinsten.

133 [C4] **La Cloche à Fromage,** 23 Rue St-Guilhem, www.fromagerie-tourrette.com, Mo 10–13, 16–19, Di–Do 8.30–13, 16–19, Fr, Sa 8.30–19 Uhr. Große Auswahl an verfeinertem Käse in verschiedenen Reifegraden im Laden des Käsemeister René Tourette. Auch regionale Feinkostprodukte wie Konfitüren, Senf, Olivenöl und Essig, Gewürze und Wein. Käse kann für die Reise vakuumverpackt werden.

134 [D3] **Le Boutik'R,** 41 Blvd. Bonnes Nouvelles, www.facebook.com/leboutikr, Di–Sa 10.30–19.30 Uhr. Eine Riesenauswahl an regionalen Produkten mit dem Label „Sud de France", z. B. die Traditionskonfitüre *Raisiné de Montpellier,* seltene Honigsorten, Camargue-Reis, T-Shirts, Keramik- und Fayence-Objekte und *Grisettes de Montpellier,* runde Lutschbonbons mit Lakritz und Honig, die es schon im Mittelalter gab.

135 [B3] **Le Panier d'Aimé,** 6 Rue du Plan du Palais, www.lepanierdaime.fr, Mo–Sa 9.30–19 Uhr. Wenige Schritte von der Place de la Canourgue bietet dieses Feinkostgeschäft Produkte südfranzösischer Familienunternehmen, z. B. Wein, Tapenaden, Konfitüren, *Rousquilles* (katalanisches Gebäck), *Muscat de Frontignan.*

136 [B5] **Maison Roux** ꕥ, 9 Rue du Cheval Vert, www.maison-roux.fr, Tel. 0984353141, Mo–Fr 11–18.30, Sa 10–12.30 und 15–18.30 Uhr. Macarons nach einem Rezept, das auf das Mittelalter zurückgeht, glutenfrei und mit Biozertifikat. Im duftenden Salon de thé oder auf der Terrasse kann man alles probieren. Führungen durch Produktion und Workshops möglich.

137 [C4] **Thierry Papereux,** 8 Rue St-Paul, www.chocolats-thierry-papereux.com, Mo 14–19, Di–Sa 10–19 Uhr. Traumhafte Schokospezialitäten, Macarons und Pralinen, gefertigt von Pâtissiers aus Lyon.

051mo-ps

Shoppingmalls

138 [E4] **Centre Commercial Polygone,** 1 Rue des Pertuisanes, www.polygone.com, Mo–Sa 10–20 Uhr. Shoppingmall mit 120 Läden auf drei Etagen zwischen Place de la Comédie und Antigone. Mit Filiale der großen französischen Kaufhauskette Galerie Lafayette.

139 [dg] **Odysseum,** 2 Place de Lisbonne, Tram: Place de l'Europe, https://odysseum.klepierre.fr, Mo–Sa 10–20 Uhr. Shoppingmall außerhalb des Zentrums mit um die 100 Läden.

Schmuck, Design und Kunsthandwerk

140 [C5] **500°,** Rue en Gondeau 14, 500degres.com, Mo–Sa 11–19 Uhr. Keramik für Küche und Wohnen, handgefertigt im Viertel St-Roch. Wer nett fragt, darf in der kleinen Töpferwerkstatt unter der Boutique dem Töpfer Laurent Bourgeoin bei der Arbeit zuschauen. Eine enge steile Treppe führt hinunter.

141 [C4] **Atelier Dixn9uf,** 2 bis Rue Four des Flammes. Individueller Modeschmuck und Accessoires.

142 [D4] **Coutellerie Pradel Goleo,** 26 Rue de la Loge, www.coutellerie-pradel-goleo.fr, Di–Sa 9–12 und 14–18.30 Uhr. Kleiner Laden mit großem Messersortiment (Opinel) etc. für Sammler, Profis und Hobbyköche, auch elektrische Korkenzieher.

143 [C4] **De la Luce,** 2 Rue St-Côme, Di–Sa 11–19 Uhr. Moderner Concept-Store für Schmuck, Schuhe, Markenmode und Designerstücke.

144 [B4] **Emprin,** 29–31 Rue St-Guilhem, www.comptoirsculinaires.com/magasin/emprin-poivre-et-sel, Mo 14.30–19, Di–Fr 10–13, 14–19, Sa 10–19 Uhr. Geschenke, Küchenutensilien und alles rund um Tisch- und Esskultur auf 300 m² in einem Laden von 1896.

145 [C5] **Les Bougies de Charroux,** 5 Rue des Etuves, www.bougies-charroux.com, Mo, Di 10.30–13 und 14–19.30, Mi–Sa 10.30–19.30 Uhr. Hier sind über 100 verschiedene Duftkerzen mit Parfüm aus Grasse ohne chemische Zusätze im

Keramik aus der Töpferwerkstatt im 500°

Angebot. Die in der Werkstatt des Dorfs Charroux handgefertigten Kerzen brennen bis zu 100 Stunden und haben ein internationales Qualitätslabel.

146 [B4] **Les Emaillé.e.s,** 22 Rue de la Rochelle, Tel. 0609642579, Di–Fr 10–12 und 14.30–19.30, Sa 10.30–19 Uhr. Hier kann man dekoratives Porzellan, Keramik und Emaille-Arbeiten kaufen. Auf Anfrage werden auch Kurse angeboten.

147 [C4] **L'Instant d'Apprêts,** 1 bis Rue du Four des Flammes, Di–Sa 10.15–19 Uhr. Modeschmuck und schöne Accessoires der Schmuckdesignerin Gaëlle Griffon.

148 [C4] **Mademoiselle Pinson,** 2 Rue Joubert, https://mademoiselle-pinson.com, Di–Sa 10.30–18.30 Uhr. Erschwinglicher individueller Schmuck und Accessoires.

149 [C4] **Sonia Mosaique,** 9 Rue de l'Ancien Courrier, www.soniamosaique.com, Mo, Mi–Sa 10.30–12.30 und 13.30–18.30 Uhr. Originelle Mosaikdesigns: Unterteller, Spiegel, Holzfiguren etc.

Mode und Schuhe

150 [C4] **Atelier Tiket,** 29 Rue Foch, Tel. 0952176101, www.atelier-tiket.fr, Di–Sa 11–13 und 14–19 Uhr. Über dem Laden im Erdgeschoss entwickelt die junge Modeschöpferin Fanny Bann seit 2008 ihre Kreationen.

151 [C4] **Des Filles à la Vanille,** 15 Rue de la Loge, www.desfillesalavanille.com, Mo–Sa 10–19 Uhr. Preiswerte Kleider, Röcke, Tops etc. einer Pariser Marke. Ein Riesensortiment für schicke und legere Anlässe auf zwei Etagen.

152 [C4] **Espadrilles et Panamas,** 12 Rue du Bras de Fer, Di–Sa 10–19 Uhr. Laden einer Baskin mit hochwertigen Espadrilles und aus Lateinamerika importierten Panamahüten.

153 [B3] **Folie Douce,** 3 Rue de la Coquille, bei Facebook, Mo 14–19, Di–Sa 10–12.30, 14–19 Uhr. Dessous, Nachthemden und Badeanzüge französischer und italienischer Marken.

154 [C4] **La Changerie,** 3 Rue de l'Ancien Courrier, Tel. 0467604297, Di–Sa 10.30–12.30, 14.30–19 Uhr. Die Inhaberin dieses Secondhandladens im Innenhof des Stadtpalais Hôtel Montcalm heißt Antoinette Lapetina und gilt in der Region als Erfinderin des Konzepts *dépôts vente:* Sie kauft gebrauchte Markenartikel von Modeschöpfern wie Alaïa, Yves Saint Laurent, Chanel, Kenzo, Vivienne Westwood, Paco Rabanne, Givenchy, Balmain, die man hier in sehr gutem Zustand 50 bis 80 % günstiger als beim Neukauf bekommt.

155 [B3] **Souleïado,** 11 Rue Foch, www.souleiado.com, Mo–Sa 10–19 Uhr. Hochwertige Herren- und Damenmode, Stoffe und Wäsche der provenzalischen Marke, die auf der Tradition der *Indiennes* beruht, bedruckten Baumwollstoffen, die einst aus Übersee importiert wurden. Die dünnen, teuren Hemden mit kleinen, bunten Karos tragen die *Gardiens* (Hirten) und *Manadiers* (Stierzüchter) der Camargue zu besonderen Anlässen. Auch viele Designs für Frauen.

156 [C5] **Sunny Moon,** 10 Rue de la Fontaine, Tram: Observatoire, www.sunnymooncreations.com, Di–Do 11–18, Fr, Sa bis 19 Uhr. Das Atelier der Schneiderin Marion Muller ist eine Fundgrube für Accessoires, Hüte und Kleider für junge Frauen.

Kinderspielzeug

157 [C4] **Au Temps de la Miniature,** 15 Rue St-Guilhem, Di–Sa 9–12, 14–18 Uhr. Nostalgisch altmodischer Laden für Modellautos und Modelleisenbahnen. Die Welt der Technik *en miniature*.

158 [C5] **État d'Ame,** 7 Rue en Gondeau, Mo–Sa 10–19 Uhr. In der Rue en Gondeau Nr. 7 befindet sich ein nostalgisches Kinderspielzeuggeschäft. In Nr. 12 gibt es farbenfrohe indische Stoffe und Kleidung sowie auf Antiquitäten- und Flohmärkten gesammelte und aufgemöbelte Deko- und Geschenkartikel von Lourdes-Kerzen über Skulpturen und Mandalas bis zu Postern.

159 [D3] **Pomme de Reinette et Pomme d'Api,** 33 Rue de l'Aiguillerie, www.tradition-jouet.com, Mo 14–19, Di–Sa 10.30–12.30, 14–19 Uhr. Die beiden Geschäfte derselben Familie liegen nebeneinander und sind wahre Ali-Baba-Höhlen mit einem fantastischen Sortiment – altmodisches wie modernes Spielzeug, Stofftiere, Gesellschaftsspiele, Verkleidungen, Sommerkleider etc.

Parfüm

160 [D4] **Phloème**, 16 Rue de la Monnaie, Di–Sa 10.30–19 Uhr. Großer Concept-Store auf zwei Etagen, der umweltfreundlich und nachhaltig orientiert ist. Hier findet man Lifestyle- und Haushaltsprodukte, Kosmetik und Parfüms, Lebensmittel, Körperpflegeprodukte, Dinge für Mütter und Kinder etc.

161 [C4] **Qu'Importe Le Flacon,** 8 Rue du Petit St-Jean, www.quimporteleflacon-parfumerie.com, Mi–Fr 10.30–13, 13.30–19, Sa 10.30–19 Uhr. Parfümerie einer jungen Inhaberin, die Parfüms kleinerer Nischenmarken (Annick Goutal, Serge Lutens, Pierre Guillaume) im Sortiment hat.

Bücher, Multimedia, Musik

› **Fnac,** 1 Rue des Pertuisanes, Centre Commercial Polygone (s. S. 89). Bücher, CDs, Hifi-Anlagen, elektronisches Zubehör sowie Tickets für Kultur- und Sportveranstaltungen.

162 [C4] **Gibert Joseph,** 3 Pl. Martyrs de la Résistance, Tel. 0467661660, Mo–Sa 9.30–19.30 Uhr. Neue und gebrauchte Bücher.

163 [C4] **Le Bookshop,** 8 Rue du Bras de Fer, Tel. 0467662290, www.lebookshop.com, Mo 14–19, Di–Sa 11–19 Uhr, Mo, Fr 17–19 Uhr Treffen zur Konversation auf Französisch und Englisch. Hier lohnt eine kleine Pause mit Smoothie, Tee oder Kaffee und Kuchen. Ein paar Bücher und Magazine dürfen vor Ort gelesen werden, auch im schattigen Patio. Das Sortiment englischsprachiger Bücher wird mit Tipps zum Buch des Tages oder des Monats liebevoll präsentiert. Mitglieder des Buchclubs können sich über ihre Lektüre austauschen.

164 [D4] **Sauramps,** Allée Jules Milhau, Tel. 0467067878, www.sauramps.com, Mo–Fr 10–19, Sa 10–19.30 Uhr. Die größte Buchhandlung der Stadt mit sechs Etagen führt auch englisch- und ein paar deutschsprachige Bücher.

MEIN TIPP

Shop 'n' Stop: Antiquitäten und Küche im Viertel Beaux-Arts

Dieses sympathische Café-Restaurant ist im hinteren Raum eines Vintage- und Antiquitätenladens im studentischen Viertel Beaux Arts versteckt. Bei schönem Wetter kann man sich das hausgemachte kleine französische Mittagsmenü oder auch nur einen Kaffee oder Tee auf der kleinen Terrasse servieren lassen. Der kleine Laden mit einem bunten Sortiment von Lampen über Tassen und Papierwaren und Vinylplatten bis zu kuriosen Designobjekten hat Flohmarktambiente und ist eine Fundgrube für Geschenke.

165 [D1] **Chic et Bohème,** 31 Rue Proudhon, Tram: Louis Blanc, Tel. 0467109994, www.chic-boheme.com, Di–Sa 10–19 Uhr

Montpellier zum Durchatmen

Viele kleine Plätze und Grünflächen sowie der Botanische Garten laden zum Entspannen ein. Ideal zum Träumen und Faulenzen sind die Strände des nahen Mittelmeers.

Gitarren- oder Bongospieler sitzen im Schatten der im Juni blühenden Magnolienbäume auf der Wiese: In den **Jardins du Peyrou** [A–B3] ist es an lauen Abenden besonders romantisch, wenn die untergehende Sonne das Château d'Eau (den Wasserturm) und die Bögen des Aquädukts (22) in warme Farben taucht. Der Blick zur Küste kann bis zum Mont St-Clair von Sète und zum Pic St-Loup (27) reichen.

056mo-ps

Wer mitten im Zentrum mal ausspannen möchte, geht an denEntenteich im **Jardin du Champs de Mars** mit seinen vielen alten Bäumen direkt gegenüber vom Musée Fabre (3). Der **Jardin des Plantes** (19), der Botanische Garten mit Teich, Bambushainen, einer Zypressenallee und vielen verschwiegenen Ecken, füllt sich ab mittags mit Studenten und Einheimischen. Schatten und Ruhe bietet auch die kleine Grünanlage um den **Tour des Pins** (13) hinter der Kathedrale. Zu den verträumtesten Plätzen der Altstadt zählen die **Place de la Canourgue** (10) und die **Place Candolle** [C3].

Am **Lez-Ufer** und im 8 ha großen **Parc Georges Charpak** in Port Marianne finden Jogger, Radfahrer und Walker Abstand vom Büroalltag und städtischen Trubel. Hinter Port Marianne wird das Ufer des Lez natürlicher. Der Lez führt am Port Ariane genannten kleinen Jachthafen der Gemeinde Lattes vorbei und mündet in Palavas-les-Flots ins Mittelmeer. Zwischen Palavas und Villeneuve-lès-Maguelone liegt vor der romantischen Laguneninsel mit der Cathédrale de Maguelone (26) der vom Zentrum aus nächste und wohl schönste Strand.

[<] *Artischockenblüten im Jardin des Plantes* (19)

[>] *Sonnen und Baden: Siesta am nahen Mittelmeer*

MEIN TIPP

Ein Tag am Meer

Die Füße im Sand, den Blick zum Meer oder zum nächtlichen Sternenhimmel, so könnte man den ganzen Tag auf einer Liege auf der Terrasse dieser Holzhütte *(paillotte)* am Strand verbringen. Le Carré Mer, gegründet von den Sterneköchen Jacques und Laurent Pourcel (s. S. 70), ist Restaurant und Cocktailbar zugleich. Die Deko ist von der afrikanischen Savanne inspiriert, und wer vom Sonnen und Baden Hunger bekommt: Die hausgemachte mediterrane Küche ist leicht und doch raffiniert. Am Wochenende ist Chillen bei Smoothies, Cocktails und Musik angesagt und manchmal wird spätabends ausgelassen zu DJ-Musik getanzt.

166 [di] **Le Carré Mer,** Plage de Maguelone, Villeneuve-lès-Maguelone, Tel. 0467420696, www.carre-mer.fr, Mitte März–Okt. tgl. 10–1 Uhr. Von Palavas-les-Flots aus rechts am Étang-Ufer bis zum Parkplatz am Ende der Straße Richtung Cathédrale de Maguelone 26 fahren.

Zur richtigen Zeit am richtigen Ort

Ob Sport, Messe, Weinfeste und -degustation, Course Camarguaise (s. S. 55), Tanz oder Oper – für jeden Geschmack steht etwas auf dem jährlichen Eventkalender. Ein bei den Stadtbewohnern beliebtes Ereignis ist das Festival des Fanfares Ende Juni. Es zieht internationale Fanfarengruppen in die Stadt und die heimischen Fanfarenvereine wie Les Kadors (www.fanfaredeskadors.com) sind schon Monate zuvor aktiv, um zu proben und ihre Kostüme zu designen und zu fertigen. Bei ihrer großen Straßenparty geben die dynamischen und meist schrill kostümierten Blechbläsergruppen dann den Rhythmus an und verbreiten ausgelassene Stimmung. Ein Highlight für alte klassische Musik sind die Konzerte in der einzigartigen Kulisse der Cathédrale de Maguelone 26 Anfang Juni. Hier treten seit ca. 35 Jahren renommierte internationale Musiker auf.

053mo-ps

Beim **Festival des Architectures Vives** im Juni sind viele der sonst verschlossenen Innenhöfe der insgesamt über 70 **hôtels particuliers** (Stadtpaläste der Renaissance), die zum besonderen Architekturerbe der Altstadt zählen, frei zugänglich.

Ein kulturelles Highlight ist das Festival **Montpellier Danse,** bei dem im Juni/Juli die besten internationalen Ensembles für zeitgenössischen Tanz Gastspiele geben. Musikliebhaber dürfen sich im Juli die vielfach kostenlosen Konzerte des **Festival Radio France** nicht entgehen lassen.

Infos zu Festen und Festivals in Montpellier und Umgebung bekommt man unter www.montpellier-tourisme.fr.

072mo-ps

Januar bis März

› **Open Sud de France:** internationales Tennisturnier in der Arena Montpellier im Januar und Februar (www.opensuddefrance.com)

› **Saperlipopette:** Kindertheater, Musik, Tanz, Konzerte und Spektakel für die ganze Familie Anfang Februar in der Domaine d'O (www.domainedo.fr/spectacles/saperlipopette)

› **Marathon de Montpellier:** Der Marathon am 19. März startet und endet auf der Place de la Comédie 1 und führt auf 42,195 km durch die Altstadt und moderne Stadtviertel (www.marathonmontpellier.fr).

April bis Juni

› **ZAT (Zone Artistique Temporaire):** ein von der Stadt organisiertes Viertelfest mit Performances, Zirkus, Theater, Feuerwerk – urbane und visuelle Kunst mit so mancher Überraschung. Mitte April jedes Jahr in einem anderen Viertel (http://zat.montpellier.fr).

› **Urban Trail Nocturne:** Anfang Mai bei Einbruch der Dunkelheit um ca. 21 Uhr stattfindendes Rennen durch die Stadt (http://urbantrail.montpelliertriathlon.com)

› **Festival Tropisme:** Konzerte, Installationen, Videos, Ausstellungen zum Thema Popkultur und neue Technologien (Ende März, Anfang April)

› **Les Boutographies:** drei Wochen lang Fotoausstellungen und Dokumentationen beim Festival für Fotografie im Mai im MO. CO. Panacée (s. S. 64, www.boutographies.com)

Die Kathedrale von Maguelone 26 ist im Juni Kulisse für ein Festival mit Musik aus Mittelalter, Renaissance und Barock

- **TangOsud:** einwöchiges internationales Tangofestival über Pfingsten in Montpellier-Fabrègue (www.tangosud-montpellier.com).
- **FISE:** Das fünftägige, internationale Festival der Extremsportarten von Mitte bis Ende Mai an den Ufern des Lez versammelt unter anderem Mountainbiker, Wake- und Skateboarder. Das Festival ist eines der größten seiner Art in Europa. Bekannte DJs sorgen als Rahmenprogramm für Stimmung (www.fise.fr).
- **Festival de Musique Ancienne à Maguelone:** Anfang Juni, Musik aus Mittelalter, Renaissance und Barock in der romanischen Cathédrale de Maguelone 26 (www.musiqueancienneamaguelone.com)
- **Fête de la Musique:** Am 21. Juni spielen Bands open air in der Altstadt und Besucher können auch das Sinfonieorchester kostenlos im Corum (s. S. 85) spielen hören.
- **Le Printemps des Comédiens:** Musik, Tanz und Theater, ein innovatives Programm für Kulturfans Mitte Juni in der Domaine d'O (s. S. 85, www.printempsdescomediens.com)
- **Festival des Architectures Vives:** Junge Architekten und Studenten präsentierten Mitte Juni Installationen in den Innenhöfen der Stadtpaläste. Das Office de Tourisme (s. S. 113) bietet Führungen an, aber man findet den Weg mit der Karte im Programmheft auch auf eigene Faust (bei Facebook).

Juli/August

- **Festival des Fanfares:** Schon seit 1996 fiebern die Stadtbewohner jedes Jahr dem beliebten Fanfarenfestival im Viertel Boutonnet und an der Place des Beaux-Arts an einem Abend Ende Juni/Anfang Juli entgegen (http://festivalfanfare.free.fr).

055mo-ps

- **Montpellier Danse:** Dieses Festival zieht seit 1989 jedes Jahr im Juni/Juli international renommierte Tanzensembles nach Montpellier (www.montpellierdanse.com).
- **Les Nuits de St-Anne:** Ein Verein des Viertels verantaltet Ende Juni/Anfang Juli kostenlose Musik-Abende (Klassik–Jazz) an der Place St-Anne (https://nouveausainteanne.wordpress.com/les-nuits-de-sainte-anne).
- **Estivales de Saporta:** Von Juni bis September jeden Dienstag (19–23 Uhr) im Restaurant mit Weinladen Mas de Saporta in Lattes: Einige Winzer der AOC Languedoc laden zu Verkostungen von Weinen und lokalen Produkten bei Musik ein. Begegnung mit Einheimischen auf der Wiese des Weinguts (www.maisondesvinsdulanguedoc.com).
- **Festival Radio France:** Jeden Sommer im Juli bietet das Festival von Radio France in Montpellier und im Languedoc-Roussillon über 200, meist kostenlose Veranstaltungen (http://lefestival.eu) – klassische Musik, Jazz, elektronische Musik, Film etc.

Weltmusik auf der Straße bei der Fête de la Musique

Gesetzliche Feiertage

- 1. Januar: **Neujahr** *(Jour du Nouvel An)*
- März/April: **Ostermontag** *(Lundi de Pâques)*
- 1. Mai: **Tag der Arbeit** *(Fête du Travail)*
- 8. Mai: **Waffenstillstand von 1945** *(Fête de l'Armistice)*
- Mai/Juni: **Christi Himmelfahrt** *(Ascension)*
- 14. Juli: **Nationalfeiertag** *(Fête Nationale de la France)*
- 15. August: **Mariä Himmelfahrt** *(Assomption)*
- 1. November: **Allerheiligen** *(Toussaint)*
- 11. November: **Waffenstillstand von 1918** *(L'Armistice de 1918)*
- 25. Dezember: **Weihnachten** *(Noël)*

- **Fête de St-Roch:** Am 16. August finden in Montpelliers Altstadt Prozessionen zu Ehren des Stadtheiligen St-Roch statt. Auch sein Stab und seine Reliquien werden ausgestellt. Pilgerziel ist dann außerdem das Geburtshaus des Heiligen in der Rue de la Loge Nr. 19 (s. S. 18).
- **Fête de la Mer et de la Plage:** Hochseeangeln und Sandburgenbau um die Wette stehen auf dem Programm des Strandfests, das jedes Jahr im August an der Plage du Pilou in Villeneuve-lès-Maguelone (s. S. 53) stattfindet. Es gibt Paella aus gigantischen Pfannen und ein Feuerwerk.
- **Feria des Vendanges:** Beliebtes Weinerntefest mit Tanzvorführungen (Sevillana, Rumbas) im August an der Plage du Pilou in Villeneuve-lès-Maguelone. Bei Stierrennen *(abrivado)* treiben Camargue-Hirten Stiere durch abgesperrte Straßen.

September/Oktober

- **Arabesques:** Kunst aus der arabischen Welt, Konzerte, Theater, Tanz, Dichterlesungen und Workshops werden im September in der Domaine d'O präsentiert (s. S. 85, www.festivalarabesques.fr)
- **Les Internationales de la Guitare:** Das vielfältige Gitarrenfestival im September und Oktober bietet auch einige kostenlose Konzerte (www.les-ig.com).
- **Cinemed:** Im Oktober sind im Corum (s. S. 85) beim Festival Cinéma Méditerranéen Montpellier an neun Tagen über 200 Filme aus dem Mittelmeerraum zu sehen (www.cinemed.tm.fr).

November/Dezember

- **Fête des Vignes de Montpellier:** 40 Winzer aus der Umgebung verwandeln die Esplanade Charles de Gaulle im November in ein Weindorf.
- **Festival Dernier Cri:** Festival für elektronische Musik (auch Filme und Vorträge), eine Woche Anfang November (www.festivaldernierCri.com)
- **Cœur de Ville en lumières:** Drei Tage lang setzen kostenlose Licht- und Klanginstallationen *(son et lumière)* Ende November/Anfang Dezember die Fassaden der Altstadt märchenhaft in Szene.
- **Les Hivernales:** Ende November bis vor Weihnachten findet auf der Esplanade Charles de Gaulle ein Weihnachtsmarkt mit südfranzösischen Produkten statt.
- **Silvester:** Le Réveillon, der letzte Abend des alten Jahrs, wird in Montpellier auf vielen vorher zu reservierenden Festen gefeiert, besonders gern beim Abendessen in zuvor reservierten Restaurants.

Illusionsmalerei an der Ecke Boulevard de l'Observatoire/ Place Edouard Adam [C5]

MONTPELLIER VERSTEHEN

058mo-ps

Montpellier – ein Porträt

Weiße Schwalben auf blauem Himmel und bunte Prilblumen im Pop-Art-Stil – das Design der Tramlinien 1 und 2 des Pariser Duos Elizabeth Garouste und Mattia Bonetti symbolisiert Himmel und Erde, wenig später zog Modezar Christian Lacroix mit Wasser und Feuer nach. Er verpasste Linie 3 einen submarinen Look und kleidete Linie 4 in ein golden aufflammendes Gewand, das an barocken Brokatstoff und die Zeit des Sonnenkönigs erinnert. Das Design der neuen Linie 5 gestaltete Barthélémy Toguo, ein Künstler aus Kamerun, zum Thema „Forschung und Botanik".

Das Tram-Design ist sexy, bemerkte die internationale Presse. An der **Place de la Comédie** 1 kontrastieren die bunten Trams mit **altehrwürdigen Prunkhäusern.** Bauweise und Skulpturenschmuck sind der Pariser Architektur des 19. Jh. nachempfunden. Schmucke Kuppeln und schiefergedeckte Dächer heben sie aus dem verwinkelten Häusermeer der **Altstadt** hervor.

Von der **Promenade du Peyrou** 21 schweift der Blick über den imposanten Aquädukt, der sich 800 m lang durch das Viertel Les Arceaux erstreckt, und über rote Ziegeldächer in die Weite. Spätestens hier versteht man, warum Montpellier zu den Städten mit der höchsten Lebensqualität in Frankreich zählt. Der Blick reicht zum etwa 15 km entfernten Mittelmeer, zu den Hausbergen **Pic St-Loup** 27 und **L'Hortus** sowie zu den Cevennen. Das zunehmend hügelige Hinterland Richtung Norden ist zum Wandern und zum Baden in kühlen Flüssen wie dem Hérault beliebt. Richtung Süden zum Meer beginnen bereits am Stadtrand die **Weinkulturen des Languedoc** zwischen weiten **Lagunenseelandschaften**, die Flamingos eine Heimat geben. Montpellier ist auch das Tor zur **Kleinen Camargue** mit ihren weißen Pferden, schwarzen Stieren, Salinen, Wasserläufen und langen Stränden.

Ringboulevards umgeben den Altstadthügel, Ausfallstraßen führen an den Vierteln **Antigone** und **Port Marianne,** die den urban im Zaum gehaltenen **Fluss Lez** säumen, Richtung Meer. Die eigentliche touristische Attraktion der Innenstadt ist die **autofreie Altstadt,** in der Touristen Seite

an Seite mit den Bewohnern auf den zahlreichen Terrassen unbekümmert südfranzösische Lebensart genießen. Montpellier mit seinen trendigen Shops, dem Musée Fabre, quirligem Nachtleben und den nahen Stränden zieht laut Office de Tourisme 5,1 Mio. Besucher pro Jahr an.

In der einst von einer wappenförmigen Stadtmauer umgebenen Altstadt, in der man sich gern und schnell verläuft, drängen sich Restaurants und Sehenswürdigkeiten auf engem Raum. Hier stehen noch um die 70 stattliche Renaissancevillen, die Kathedrale 11 mit ihrem kuriosen Baldachin und der medizinischen Fakultät 12 direkt nebenan, ein paar nach der Französischen Revolution vorwiegend barock gestaltete Kirchen und der Arc de Triomphe 20 des Sonnenkönigs Ludwig XIV., der seine Strahlkraft bis in den französischen Süden vehement demonstrieren wollte.

Montpellier ist aber auch eine angenehm **grüne Stadt**. Von den Altstadtgassen kommen Besucher in nur wenigen Schritten zum **Botanischen Garten** 19 oder auf die entspannende **Esplanade Charles de Gaulle** 2, eine Palmenallee wie in Nizza, die an dem lauschigen Square Planchon vorbei zur lichtdurchfluteten Gare St-Roch führt. Im **Parc Clemenceau** [B6] des Viertels Gambetta begegnen Flaneure statt Touristen nur noch Einheimischen.

Wer über die Autobahn Languedocienne (A9) zwischen Montpellier und dem Mittelmeer fährt, sieht als Kontrast wie eine Fata Morgana die Skyline der zügig Richtung Küste wachsenden **Neustadt** im Sonnenlicht flimmern, – im Vergleich zu Frankfurt oder Dubai aber immer noch im Mini-Format südfranzösischer Provinz. Hier zeigt Montpellier ein der Zukunft zugewandtes Gesicht.

Montpellier in Zahlen

- **Gegründet:** 985 n. Chr.
- **Stadtrechte:** 1204 durch Marie de Montpellier
- **Einwohner:** ca. 299.100 (Stadt), ca. 442.000 (Großraum)
- **Bevölkerungsdichte:** 5258 Einw./km²
- **Fläche:** 56,88 km², Großraum 432,21 km²
- **Höhe ü.M.:** 7–121 m

Weiter Blick vom Tour de la Babote 18 *bis in die Berge*

057mo-ps

Augen auf, Street-Art-Zone

Ob es als künstlerischer Ausdruck oder Provokation empfunden wird: Seit den 1980er-Jahren ist Montpellier zur Street-Art-Zone mutiert. In Auftrag gegebene **Illusionsmalereien** und **illegale Tags** existieren parallel, auch in der Altstadt. Der beliebte lokale Street Artist **BMX**, der sporadisch in einem Atelier am Marché du Lez präsent ist, installiert halbe oder ganze Minifahrräder an Hauswänden und Ecken. Die inzwischen „offiziellen" *graphs* von **Zest** und **Mist** sorgen gegenüber dem Postamt in der Rue de Rondelet (s. S. 118) für Farbe. Sponsor war die Galerie Atdown (s. S. 62). Zest (geb. 1980) ist ein Autodidakt, der sich u. a. von Mondrian und Pierre Soulages inspirieren ließ, Mist (geb. 1982) ein Absolvent der Pariser École des Beaux Arts.

Die *tags* an den Quais du Verdanson [D2], einem oft ausgetrockneten Bett des Lez-Nebenflusses parallel zum Boulevard Louis Blanc, sind

059mo-ps

„wild gewachsen", manchmal sozialkritisch und kein bisschen gefällig.

In den Gassen der **Altstadt** entdeckt man immer wieder neue kleine Kunstwerke. Aufrecht stehende Bananenschalen neben Mülltonnen an die Wand gesprayt oder die kuriosen Mini-Monster-Mosaike, die **Space Invador** bereits Ende der 1990er-Jahre platzierte. Tragisch: Der Sprayer Zoca stürzte 2007 auf der Flucht vor der Polizei vom Dach und starb. Kurz zuvor hatte er das Wort *fazer* („father") auf einen Dachkamin hoch über der Place de la Comédie (1) gesprüht. Es erinnert immer noch an ihn, denn seine Nacheiferer ziehen die Linien regelmäßig nach.

Faszinierend sind die haushohen **Murals** im Stil der Illusionsmalerei **(Trompe l'Oeil)**, realisiert von Künstlern wie **Patrick Commecy, Agnès und Olivier Costa** (Mad Art) oder der bekannten **Cité Création** aus Lyon, die bunte Kirchenfenster auf eine Hauswand gegenüber der Église St-Denis (nicht weit vom Zentrum, 2 Rue Rondelet) bannte.

Verblüffend echt wirkt das **Wandfresko mit Spiegeleffekten** (4 Boulevard de l'Observatoire) an der Kreuzung gegenüber der Tour de la Babote (18). Auf dem Balkon in der ersten Etage steht mit Malerpalette in der Hand der 1841 in Montpellier geborene Pionier des Impressionismus, Frédéric Bazille. In der dritten Etage schaut Nostradamus in die Sterne. Der für seine Prophezeiungen in Gedichtform bekannte Astrologe war eine Weile ein rebellischer Student der medizinischen Fakultät. An der schönen Grünanlage Parc Clemenceau grüßen **Juliette Gréco und weitere fünf Berühmtheiten aus Montpellier** (33 Rue Balard, Tram Rondelet) von einer zuvor grauen Wand.

Futuristische Architektur

Seit dem Jahr 2000 hat sich die Stadt enorm entwickelt. Bereits 2012 erklärte die New York Times Montpellier zu einer der 45 sehenswertesten Städte des Jahres – aufgrund der zukunftweisenden Architektur, darunter **Pierres Vives** („Lebendige Steine"), ein von Zaha Hadid im Auftrag des Départements Hérault gebautes fünfstöckiges Gebäude mit Bibliothek, Archiv, Verwaltungsbüros und Sportzentrum im Vorort Juvignac.

Der Bauboom hielt an. Eines der beiden ehrgeizigsten Projekte, **L'Arbre blanc** („Der weiße Baum") an der Place Christoph Colomb, bringt ein Stück Tokio ans Mittelmeer – 56 m hoch mit 17 Etagen und 120 Wohnungen, einem Restaurant und einer Rooftop-Bar (s. S. 80). Der japanische Architekt Sou Fujimoto ließ sich von einem blühenden Kirschbaum inspirieren, dessen Zweige er zu einem lichtdurchfluteten Ensemble multifunktional nutzbarer Räume und Terrassen auffaltete. Ende 2018 wurde das Gebäude fertiggestellt.

Der angloiranische Architekt Farshid Moussavi türmte an der Place Manuguerra am Lez-Ufer auf neun Etagen neun Villen mit unregelmäßigen sinnlichen Rundungen aufeinander. **La Folie divine** („Himmliches Lustschloss") heißt das Bauwerk in Anspielung an die *folies* (s. S. 51), die sich Montpelliers Oberschicht des 19. Jh. im Grüngürtel der Stadt als Zweitwohnsitze bauten. 13 weitere Turm-Folies sind in Planung (Stand: 2023).

◁ *Hausecke mit Mini-Mountainbike: ein Werk des Street Artists BMX*

Von den Anfängen bis zur Gegenwart

Montpellier war im Mittelalter eine weitgehend autonome Handelsstadt mit einer der ersten Universitäten Europas. Ab 1349 gehörte es zur französischen Krone und war vor der großen Pest Frankreichs zweitgrößte Stadt nach Paris. Als Hugenottenhochburg lehnte Montpellier sich im 17. Jh. vergeblich gegen den Katholizismus und die Dominanz des Königs aus dem Norden auf.

Im 19. Jh. entstanden in der durch den Weinanbau in der Umgebung reich gewordenen Metropole des Languedoc nach dem Vorbild der Sanierung von Paris durch Baron Haussmann große **Sichtachsen** wie die Rue Foch und die Rue Maguelone sowie **die Place de la Comédie** 1. Seit den 2000er-Jahren strömen jährlich um die 3500 neue Einwohner in die Boomtown am Mittelmeer, heute werden die Neuankömmlinge auf über 1000 pro Monat geschätzt. Das südfranzösische **Uni-, Forschungs- und Verwaltungszentrum**, in dem sich zunehmend Hightech-Unternehmen angesiedelt haben, lockt mit hoher Lebensqualität und nahen Mittelmeerstränden.

Im Vergleich zu Städten mit antiken Wurzeln wie Nîmes oder Agde ist Montpellier jung. Zur **Stadtgründung** kam es laut Urkunde erst am 25.11.985 durch eine Schenkung. Graf Bernard II. de Melgueil (Mauguio) überließ einem lokalen Landesfürsten namens Guilhem (Wilhelm) zum Dank für eine nicht weiter definierte Gefälligkeit ein Landgut und ein paar Häuser auf dem *Mons Pestelarium*, nicht weit von der Römerstraße Via Domitia und den Flüssen Lez und Mosson.

Über die **Bedeutung des Namens** wurde viel spekuliert. Klar ist nur, dass sich die Stadt auf einem Berg bzw. einer Hügelkuppe entwickelte. Die Mädchen von Montpellier sind die schönsten, so heißt es, denn am beliebtesten ist die Übersetzung „Berg der schönen Mädchen" (bzw. „Jungfrauen"): *Mons Puellarum.* Zu den weiteren Varianten des nicht völlig geklärten ursprünglichen Namens gehören „Berg aus steinigem Geröll" oder „Pastelberg", da auf dem *Mons Pestelarium* mit der Pastelpflanze (Färberwaid) Tuch gefärbt wurde.

Montpellier entwickelte sich unter der **Dynastie der Guilhem.** Alle fünf Fürsten von Guilhem V. bis Guilhem IX. pflegten gute Beziehungen zu den Bischöfen von Maguelone, nahmen an Kreuzzügen teil, verbündeten sich mit den Spaniern gegen die Sarazenen und förderten den Handel mit dem Orient über den Hafen von Lattes sowie die Entstehung der Universität. Ab 1180 durfte unabhängig von Herkunft und Religion in der Stadt Medizin gelehrt werden, Jura wurde schon ab 1166 unterrichtet.

Seit der Zeit von Marie de Montpellier regierte das **Haus Aragon** und zeitweilig war Montpellier ein Teil des **Königreichs von Mallorca.** Seit Jakob III. von Mallorca es 1349 verkaufte, gehört es zu Frankreich.

Der süße Weißwein *Garhiofilatum* aus Montpellier fand seinen Weg bis an den Tisch von Heinrich III. von England. Nach der Industrialisierung sorgten im 20. Jh. u. a. IBM und das nationale Agrarforschungsinstitut INRA für Aufschwung und Zuwanderung qualifizierter Arbeitskräfte. Bürgermeister George Frêche begann ab Anfang der 1980er-Jahre mit der Stadterweiterung zu einer modernen Metropole und die Stadt wächst bis heute.

- **11500 v. Chr.:** Lager jagender Nomaden im heutigen Stadtgebiet
- **Ab 700 v. Chr.:** erste Keltensiedlungen in der Region
- **Ab 600 v. Chr.:** In der Hafenstadt Lattara (heute Lattes) siedeln sich Etrusker, Griechen und später auch Römer an. Griechen aus der Kolonie Marseille gründen Agde (Agathe) und bauen als erste Oliven und Wein an.
- **Ab 200 v. Chr.:** Nachweis der gallorömischen befestigten Siedlung Oppidum d'Altimurium auf dem Hügel von Murviel-lès-Montpellier
- **ab 123 v. Chr.:** Das Languedoc wird römische Kolonie. Konsul Domitius ruft mit der Via Domitia die erste römische Handelsstraße ins Leben. Von Italien über die Alpen verläuft sie zwischen Sextantio (Castelnau-du-Lez) und Lattara (Lattes) sowie weiter durch Narbonne zu den Pyrenäen.
- **27 v. Chr.:** Die Römer benennen ihre Provinz Gallia transalpina in Gallia Narbonensis um. Hauptstadt ist Toulouse.
- **3.–6. Jh.:** erste Christianisierung. Territoriale Konflikte zwischen Römern, Vandalen und Alemannen.
- **413:** Beginn der westgotischen Herrschaft im Languedoc
- **737:** Feldzug Karl Martells gegen die Sarazenen, die die Insel Maguelone und den Hafen besetzt haben
- **8. Jh.:** Die Franken erobern 789 Narbonne und die bis dato westgotische Provinz Septimania (Küste und Roussillon)
- **985:** Stadtgründung von Montpellier, Beginn der Guilhem-Dynastie mit Guilhem V.
- **1054:** Bischof Arnaud lässt die Kathedrale von Maguelone errichten.
- **1096:** Papst Urban II. besucht Maguelone und erkennt das Bistum offiziell an.
- **Ab 1140:** Bau der Stadtmauer (3762 m) mit acht Toren und 25 Türmen. Sie umschließt in Form eines Wappens zwei

zusammengewachsene Weiler: Montpellierret, ein Besitz der Bischöfe von Maguelone an der Stelle des heutigen Lycée Joffre, und Montpelliers Keimzelle zwischen dem heutigen Justizpalast und der Place Jean Jaurès mit der 1090 erstmals erwähnten Église Ste-Marie, von der nur die Krypta Notre-Dame des Tables übrig ist. Von den drei Schlössern der Guilhem-Dynastie ist nichts erhalten.

- **1166:** Petrus Placentinus (Pierre de Plaisance), ein italienischer Jurist, gründet in Montpellier die erste Schule für römisches Recht.
- **1180:** Guilhem VIII. erlaubt per Erlass die medizinische Lehre in Montpellier, unabhängig von Herkunft oder Glauben.
- **1202:** Nach dem Tod Guilhems VIII. regiert sein unehelicher Sohn Guilhem IX.
- **1204:** Die Halbschwester von Guilhem IX., Marie de Montpellier, heiratet Peter II. von Aragon und übernimmt Montpellier als ihr rechtmäßiges Erbe. Es bekommt Stadtrechte und sie lässt es von 12 Konsuln verwalten, die von den verschiedenen Berufsgruppen (z. B. Geldwechslern und Tuchhändlern) jährlich gewählt werden. Bis 1349 bleibt Montpellier unter aragonesischer Herrschaft.
- **1213:** Marie und Peter II. von Aragon sterben im selben Jahr. Bis zur Volljährigkeit ihres zweijährigen Sohns, Jakob I. von Aragon, regieren die Konsuln Montpellier weitgehend autonom.
- **1220:** Stadtrat Conrad, Legat des Papstes Honorius III., gründet die medizinische Schule von Montpellier.
- **1229:** Jakob I. erobert Mallorca vom Statthalter der Almohaden.
- **1276:** Mit dem Tod Jakobs I. erbt Jakob II. Montpellier und erklärt dort das unabhängige Königreich von Mallorca.
- **1289:** offizielle Gründung der Universität von Montpellier durch eine Bulle von Papst Nikolas IV.
- **Bis 1349:** Reger Handel über den Hafen von Lattes und Anstieg der Bevölkerung von 10.000 auf 40.000. Jakob III. von Mallorca verkauft Montpellier an den französischen König Philipp VI. Es gehört nun zu Frankreich und ist nach Paris zweitgrößte Stadt. Kurz darauf wütet die schwarze Pest in Europa.
- **1364:** Papst Urban V. lässt in Montpellier ein Benediktinerkloster errichten.
- **Ab 1432:** Wiederaufschwung: Jacques Cœur, Kaufmann aus Bourges und Schatzmeister Karls VII., macht Montpellier zum Zentrum seiner Geschäfte und lässt eine Handelsbörse *(loge)* errichten.
- **Ab 1481:** Mit der Versandung des Hafens von Lattes verlagert sich der maritime Handel nach Marseille.
- **Ab 1536:** Montpellier wird Bischofssitz. Ausbau des Klosters St-Benoît zum Bischofspalast mit Kathedrale.
- **1561–1592:** Durch die Vertreibungen in den Hugenottenkriegen kommen viele Protestanten nach Südfrankreich. In der Universitätsstadt Montpellier sind die Gedanken der Reformation als Gegengewicht zum absolutistischen Königtum willkommen. 1561 wird Notre-Dame des Tables zum *Temple protestant.* Die Église reformée zählte 4000 Mitglieder und die Kathedrale St-Pierre wird eine Woche lang belagert. Wie Calvin in Genf regieren die Hugenotten Montpellier.
- **1593:** Der Botaniker Pierre Richer de Belleval gründet den Jardin des Plantes, den ältesten Botanischen Garten Frankreichs.
- **1598–1610:** Mit dem Edikt von Nantes gewährt Heinrich IV. den Hugenotten nur bis zu seinem Tod im Jahr 1610 Frieden.
- **1622–1624:** Die Hugenottenhochburg erhebt sich gegen Ludwig XIII., der Montpellier vom 31. August bis 19. Oktober belagert. Er lässt die Stadtmauer an der Esplanade schleifen und durch Kardi-

nal Richelieu eine Zitadelle (heute Lycée Joffre) bauen.

- **1632:** Montpellier wird Hauptstadt des Languedoc. Königliche Verwaltungsbeamte lassen sich Prunkvillen *(hôtels particuliers)* errichten.
- **1682:** Ludwig XIV. lässt den protestantischen Tempel (von 1583) an der Place Chabaneau abreißen.
- **1689:** Ausbau der Place Royale du Peyrou zum Königsplatz Ludwigs XIV.
- **1691:** Bau des Arc de Triomphe als Symbol königlicher Macht
- **Ab 1700:** Montpellier gelangt wieder zu Wohlstand, während die Protestanten noch bis in die hintersten Winkel der Cevennen (Guerre des Camisards, 1698–1711) verfolgt werden. Die Stadt hat um die 30.000 Einwohner.
- **1753–1755:** Entstehung der Place de la Comédie mit einem ersten Theater
- **1765–1774:** Errichtung der Fontaine du Peyrou und etlicher weiterer Brunnen für die Wasserversorgung der Stadt durch den 1765 nach langer Bauzeit eingeweihten Aquädukt St-Clément
- **1783:** Sébastien Lenormand erfindet in Montpellier den Fallschirm.
- **Ab 1789:** Im Zuge der Französischen Revolution entstehen die Départments als Verwaltungseinheiten in der Provinz und Montpellier wird in der Folge Verwaltungshauptstadt des Languedoc. Nach der Französischen Revolution zieht die Medizinschule in den Bischofspalast.
- **19. Jh.:** Wohlstand durch Weinhandel. Bürgermeister Jules Pagézy erweitert die Place de la Comédie.
- **1811:** Einweihung des Canal du Rhône nach Sète
- **1828:** Eröffnung des Musée Fabre
- **1839:** Eröffnung des ersten Bahnhofs für die Eisenbahnlinie nach Sète
- **1888:** Eröffnung der Opéra Comédie
- **1900:** Fünf Tramlinien fahren in Montpellier, bis sie 1949 von Bussen und ersten Automobilen abgelöst werden.
- **1907:** Winzerrevolte. 800.000 Winzer aus dem Languedoc demonstrieren in Montpellier gegen den Preisverfall durch Massenproduktion und Importe aus Nordafrika. Jean Jaurès setzt sich für Gesetze zur Marktkontrolle ein.
- **1914–1944:** Katalonische Flüchtlinge des spanischen Bürgerkriegs kommen in ein Lager bei Agde. In den Weltkriegen bleibt die Architektur der Stadt unbeschadet. Montpellier gehört zum Vichy-Regime unter Marschall Pétain, der dort 1941 General Franco trifft. Von November 1942 bis zur Befreiung durch die Alliierten im Jahr 1944 ist Montpellier von den Nazis besetzt.

Die Rue de l'Ancien Courrier (s. S. 18) war früher eine Poststraße

060mo-ps

- **Ab 1962:** starke Zuwanderung durch die Entkolonisierung der Maghreb-Staaten
- **1963:** Staatspräsident de Gaulle lässt an der Küste Ferienorte wie La Grande Motte errichten.
- **1965:** Das IT-Unternehmen IBM siedelt sich in Montpellier an.
- **1975:** Einweihung des Einkaufszentrums Polygone
- **1977–2004:** Der Sozialist Georges Frêche wird Oberbürgermeister und bleibt es 27 Jahre lang. Er beauftragt Ricardo Bofill mit dem Bau des Viertels Antigone (ab 1983) und initiiert auch das moderne, innovative Viertel Port Marianne.
- **1983:** Die Place de la Comédie wird verkehrsberuhigt.
- **1990:** Eröffnung des Konzertsaals und Konferenzzentrums Corum
- **1998:** Eröffnung der riesigen Shoppingmall Odysseum
- **2000:** Montpellier bekommt wieder eine Tram.
- **2004** Hélène Mandroux von der Parti Socialiste wird Oberbürgermeisterin.
- **2011:** Eröffnung des Hôtel de Ville (Rathaus) des Architekten Jean Nouvel in Port Marianne
- **2014:** Der Zahnarzt Philippe Saurel wird parteiloser Bürgermeister von Montpellier.
- **2016:** Seit der Neuordnung der Regionen gehört Montpellier zu Okzitanien.
- **2018–2020:** Ausbau des Viertels Nouveau St-Roch hinter dem Hauptbahnhof und Einweihung des MoCO, eines Museums für zeitgenössische Kunst. Der Sozialist Michaël Delafosse wird Bürgermeister.
- **2021–2025:** Bau der Tramlinie 5, Umstellung auf Elektrobusse
- **2023:** Ab September ist die Nutzung der öffentlichen Verkehrsmittel für alle Einwohner Montpelliers gratis.
- **2024:** Montpellier ist Schauplatz von Wettkämpfen der Olympischen Sommerspiele.

Leben in der Stadt

Montpellier, Verwaltungshauptstadt des Département Hérault und achtgrößte Stadt Frankreichs, bildet einen Großraum mit 31 Kommunen, der seit 2015 Montpellier Méditerranée Métropole heißt. Bis zur Neuordnung der französischen Regionen war Montpellier Hauptstadt des Languedoc-Roussillon. Seit 2016 gehören Languedoc-Roussillon und Midi-Pyrénées zur Region Okzitanien und Montpellier musste etwa 50 % seiner administrativen Kompetenzen an die Hauptstadt Toulouse abgeben.

In den vergangenen 50 Jahren hat sich die **Bevölkerung** verdreifacht. Vor dem Spanischen Bürgerkrieg kamen katalonische Flüchtlinge in die Region und in den 1960er-Jahren, als die Maghreb-Länder Algerien, Tunesien und Marokko entkolonisiert wurden, sorgte die Rückwanderung der dort lebenden europäischen Siedler *(pieds noirs)* für ein starkes Bevölkerungswachstum in Montpellier. Der größte Anteil an **Immigranten** stammt aus Afrikas Norden, in Montpellier leben aber auch rund 2000 Deutsche.

Die Universitätsstadt in landschaftlich attraktiver Umgebung zwischen Paris und Barcelona gilt als **wirtschaftliches Zugpferd im französischen Südwesten.** Etliche Forschungseinrichtungen und Betriebe der Agrar- und Medizintechnik, Informatik, Kommunikations- und Informationstechnologie sorgten ab den 2000er-Jahren noch einmal für überdurchschnittlichen Bevölkerungszuwachs. In den **Industrieparks Euromédecine** und **Agropolis** des Stadtteils Lunaret haben sich sich Forschung und Biotechnologie international einen Namen gemacht und bekannte Unternehmen angezogen.

Medtech stellt in Montpellier den Roboter Rosa her, der Chirurgen bei Operationen unterstützt, und das IT-Unternehmen **IBM** beschäftigt etwa 1000 Mitarbeiter. Seit 2014 ist Montpellier eine der 13 französischen Städte mit dem Label **French Tech.**

Die **Hotel- und Tourismusschule** residiert in dem von 70.000 Aluminiumdreiecken bedeckten, schwungvollen Lycée Hôtelier Georges Frêche (401 Rue le Titien) des italienischen Architekten Massimiliano Fuksas, wo sie auch eine Brasserie und ein gehobenes Restaurant betreibt.

Bei aller Anziehungskraft der Stadt: Die **Mieten** sind in Montpellier höher als in Sète oder Agde und Arbeit gibt es vorwiegend für qualifizierte Fachkräfte, was die soziale Kluft zwischen den In-Vierteln und den Vororten („Banlieues") verschärft.

Im feierlustigen Montpellier mit über **70.000 Studenten an drei Unis** und **sechs Grandes Écoles** studiert fast jeder vierte Einwohner. 50 % der Bevölkerung ist jünger als 35 Jahre. Die Nähe zum Mittelmeer zieht zudem ein junges, internationales Publikum an, das zum Französischlernen in den über 20 Sprachschulen nach Montpellier kommt.

Genuss und Freizeit

Kultur, Rugby, Fußball und natürlich die Kunst des entspannten Nichtstuns hat für viele Bewohner des Südens eine höhere Priorität als der Arbeitsalltag. Im Sommer spielt sich das Leben der offenen, kosmopolitischen Bevölkerung auf den Terrassen, in den Parks und am Strand ab. Die Städter lieben die Sonne und das Meer und nutzen ihre freie Zeit gern für Ausflüge an die Küste, in die Schlucht des Flusses Hérault im Hinterland oder zum Meeresfrüchteessen nach Sète. Zum Ausgehen oder zu Festen fahren sie ins nur eine Stunde mit dem Zug entfernte, römisch geprägte Nîmes im Nachbardépartement Gard.

Eher Rugby als Fußball

Viele Einwohner von Montpellier sind sportbegeistert und joggen gern. Fußball und Rugby sind häufige Gesprächsthemen. Heimspiele des **Montpellier Hérault Rugby Club** finden im **Altrad Stadium** statt, das über 15.000 Zuschauern Platz bietet und nach dem syrisch-französischen Unternehmer Mohed Altrad benannt ist, der es 2007 errichten ließ. Der Verein spielt in der höchsten französischen Liga und versucht immer wieder, den Club Stade Toulousain zu überflügeln. Die Frauenmannschaft wurde ab 2013 dreimal hintereinander Landesmeister.

Auch das städtische Fußballstadion **Stade de la Mosson** mit Platz für 35.500 Zuschauer ist manchmal Schauplatz von Rugbyspielen. 2023 ist Montpellier das Basiscamp der Rugby-Weltmeisterschaft. Das Stadion ist Sitz des **Fußballvereins HSC (Montpellier Hérault Sport Club).** Der Fluss Mosson, dessen Namen es trägt, setzte es 2014 unter Wasser.

Studieren und Wohnen

In der Altstadt kann man inzwischen nur noch Jura und Politik studieren. Die meisten Fakultäten der Universität haben sich im weitläufigen Viertel **Boutonnet** angesiedelt, das auch einige Studentenwohnheime bietet, und im renommierten **Quartier Hôpitaux-Facultés** weiter im Norden Richtung St-Priest, Parc de l'Euromédecine und Lunaret mit dem Zoo.

Die **medizinische Fakultät** im Norden auf dem Campus für Naturwissenschaften und Pharmazie neben dem Krankenhaus Arnaud de Villeneuve wurde 2017 eingeweiht. Das fünfstöckige Gebäude mit riesiger Eingangshalle gegenüber der Metrostation Occitanie entwarf der Architekt François Fontès aus Montpellier.

Jura, Wirtschaft, Medizin und Pharmazie lehrt die **Université Montpellier I.** Die **Université II.** ist den naturwissenschaftlichen Fächern vorbehalten und die **Université III. Paul Valéry** den Fremdsprachen und Geisteswissenschaften.

Zum **Wohnen** bevorzugen ausgehfreudige und preisbewusste Studenten dennoch die **Altstadt** und angrenzende Viertel wie **Les Arceaux** und **Beaux-Arts. Figuerolles,** das sich an Gambetta anschließt, hat einen hohen Anteil an Bewohnern mit nordafrikanischer Herkunft, bietet viel Viertelsflair, kleine Theater und Nachbarschaftvereine und noch erschwingliche Preise.

Das architektonische Vorzeigeviertel **Port Marianne** am Lez ist eine der begehrtesten Wohnlagen für Bessersituierte. Den schlechtesten Ruf hat das in **La Mosson** umbenannte Viertel im Nordwesten mit 20.000 Einwohnern, vor Ort auch unter dem früheren Namen La Paillade bekannt. Hier zog man in den 1960er-Jahren Sozialwohnungen für Algerienrückkehrer und Immigranten hoch.

Les Cévennes ist ein grünes Wohnviertel mit gemischter Bevölkerung im Westen, **Croix-d'Argent** und **Près d'Arènes** im Südwesten sind ebenfalls reine Wohnviertel mit guter Verkehrsanbindung an die A9.

061mo-ps

Straßenmusik in der Altstadt: Auftakt zum Sommerwochenende

Mit rasanten Schritten in die Zukunft

Mit Antigone ㉓, im neugriechischen Stil von Ricardo Bofill erbaut, begann im Jahr 2000 die Stadterweiterung Richtung Meer. Seither machen internationale Architekten Port Marianne zu einem Showroom innovativen Bauens.

Nur wenige 100 m von der Place de la Comédie ① entstand im Herzen der Stadt das Viertel **Nouveau St-Roch.** Sein Wahrzeichen, der **Bahnhof St-Roch** [D6], wurde bereits 2014 eingeweiht. Architekt Jean-Marie Duthilleul errichtete die von Weitem sichtbare 200 m lange Halle unter einem transparenten, klimatechnisch ausgefeilten Giebeldach aus Metall- und Glas wie eine Brücke über den Gleisen. Auf der riesigen Industriebrache des einstigen Güterbahnhofs entstanden in der Folge schicke Hotels, Bürotürme und 1300 Wohnungen, darunter auch das 50 m hohe Gebäude „**Higher Rock**", seit 2022 Wahrzeichen des Viertels.

Nach L'Arbre Blanc (s. S. 101) von Sou Fujimoto und Folie Divine (s. S. 101) vom Londoner Stararchitekten Farshid Moussavi entstehen immer weitere spektakuläre Wohntürme, Blickfänge einer sog. **Ecocité,** geplant nach Nachhaltigkeitsaspekten und mit großen Grünflächen versehen. Dazu gehört auch das Viertel um den TGV-Bahnhof Montpellier Sud de France/la Mogère und die Shoppingmall Odysseum (s. S. 89).

Bis 2025 soll in Montpellier auf 172 ha eine neue grüne Lunge entstehen. Das Ensemble des **Grand Parc de Lunaret** umfasst den vergrößerten Zoo (s. S. 117), den Wald Montmaur, das Naturschutzgebiet Lez und einige Wanderwege. Das Ganze erstreckt sich bis zum Parc du Domaine de Méric. Ab Ende 2025 soll die **neue Tramlinie 5** drei Haltestellen an dem riesigen Park anfahren und den Jardin des Plantes 19 im Zentrum mit dem Rugbystadion, den neu enstandenen Wohn- und Kreativvierteln und dem Viertel der Krankenhäuser und Forschungszentren wie Agropolis, CNRS und INSERM miteinander verbinden.

062mo-ps

Und noch eine gute Nachricht für Stadtbewohner Montpelliers: Sie fahren ab Ende 2023 **gratis mit den öffentlichen Verkehrsmitteln.**

Das Montpellier der Zukunft streckt seine Tentakel über das historische Zentrum hinaus weit in alle Richtungen aus, sowohl Richtung Norden als auch Richtung Meer. Seine Architekten experimentieren mit Konzepten, die dem Klimaschutz gerecht werden, und setzen auf Vegetation und Spielflächen, damit die modernen Wohnwelten schnell an Sterilität verlieren. Ein Musterbeispiel für die kreative Dynamik der wachsenden Stadt sind die Mischnutzung der **Cité Créative** (Wohnen, Arbeiten, Ausbildung) auf dem Gebiet alter Armee-Lagerhallen und die dort ansässige **Halle Tropisme.** Dieser Co-Working-Space für kreative Berufe mit Büros, Restaurants und Konferenzräumen sowie Event- und Konzertbühnen ist zugleich auch Festival-Schauplatz und der *place to be* für die junge Stadt. Ein Blick ins Kulturprogramm ist immer zu empfehlen – von Kochkursen über Themenabende, DJ-Sets und Vintage-Kleidermärkte bis hin zu Kunstausstellungen wird alles Mögliche geboten. Ein pulsierender Ort des Austauschs mit dem Industrial-Schick-Charme einer Lagerhalle.

Es gibt aber auch **Kritik** an den Baumaßnahmen der Zukunft, z. B. an dem Riesenbauprojekt namens Ode à la mer, in dessen Einzugsbereich auch das neue Fußballstadion in Pérols gebaut wird.

•**167** [cg] **Halle Tropisme,** 121 Rue Fontcouverte, www.tropisme.coop

Symbol städtischer Erneuerung: die Gare St-Roch [D6]

PRAKTISCHE REISETIPPS

063mo-ps

An- und Rückreise

Mit dem Flugzeug

Der **Flughafen Montpellier Méditerranée** liegt in Mauguio, 12 km südöstlich der Stadt. Transavia fliegt von Frankfurt/Main und easyJet von Bâle-Mulhouse in der Schweiz. Mit Air France/KLM erreicht man Montpellier von den großen deutschen Flughäfen und auch von Wien, Genf und Zürich, meist mit Zwischenstopp in Paris.

In die City kommt man in 15 Minuten mit dem **Airport Shuttle**, der **Navette** (Linie 620). Sie hält an der Place de l'Europe, Ecke Rue Poséidon. Von dort fährt die Tramlinie 1 zur Gare St-Roch im Zentrum (Fahrt inkl. Bus und Tram 2,60 €, nur Bus 1,60 €, Tickets beim Fahrer, Fahrtdauer bis Place de l'Europe 15 Minuten, Fahrplan unter www.tam-voyages.com).

Eine Fahrt mit dem **Taxi** zum/vom Flughafen kostet zwischen 26 und 45 € (eine bzw. bis zu vier Pers.) und zum Nachttarif (19–7 Uhr) zwischen 32 und 40 €. Je nach Ziel und Verkehrsaufkommen dauert die Fahrt 20 bis 40 Minuten.

•168 [dh] **Flughafen Montpellier Méditerranée,** www.montpellier.aeroport.fr, Tel. 0467208500

Mit dem Zug

Eine Zugreise kann eine gute Alternative sein, auch wenn man umsteigen muss. Meist führt der Weg über **Brüssel oder Paris** und dann über **Lyon oder Avignon** weiter nach Montpellier. Die schnellsten Optionen sind ICE und TGV. Ab Pris Gare de Lyon dauert die Fahrt ca. 3 Std. 30 Min., über Brüssel brauchen Direktzüge ca. 5 Std. 50 Min. Von **Genf** aus ist Montpellier in rund vier Stunden zu erreichen. Der TGV-Bahnhof **Montpellier Sud de France** [dg] liegt außerhalb der Stadt, wer an der **Gare Saint-Roch** [D6] ankommt, ist direkt in der Altstadt. **Deutschsprachige Infos** bekommt man unter www.sncf-connect.com.

Mit dem Auto

Die Anreise mit dem eigenen Auto lohnt sich, wenn man den Stadtbesuch mit einem Frankreichurlaub verbindet. **Von Paris aus** führt die Autobahn A75 und **von Lyon aus** die zwischen Italien und Spanien parallel zur Küste verlaufende Languedocienne (A9) nach Montpellier. Von Köln oder München (A1) dauert die Fahrt je nach Route und Verkehr 10½ bis 12 Std., von Berlin und Wien 16 Std. und von Genf 4 bis 5 Std. **Strecken und Autobahngebühren** kann man unter www.vinci-autoroutes.com/fr berechnen.

◻ *Vorseite: Montpelliers Designertrams fahren ohne aufgedruckte Werbung*

Autofahren

Wer nur einen Kurzurlaub in Montpellier verbringen möchte, kommt besser mit dem Zug oder Flugzeug und unternimmt Tagesausflüge mit dem Nahverkehrszug, Bus oder Mietwagen. Montpelliers **Innenstadt ist großflächig verkehrsberuhigt** und das Parken ist teuer. Viele Hotels haben Abkommen mit den Parkhäusern, d.h. man legt eine Gästebescheinigung des Hotels im Parkhaus vor und bekommt Rabatt.

Am Straßenrand ist das **Parken** außerhalb der Altstadt in der *zone jaune* (gelb markierter Bereich) auf zwei

064mo-ps

Stunden begrenzt (2 €/Std.), in der *zone orange* (orange markierter Bereich) darf man bis zu fünf Stunden parken (1,30 €/Std.), in der *zone verte* (grün markierter Bereich, in der Innenstadt kaum zu finden) kann man den ganzen Tag (bis zu 9 Stunden) für 2 €/Std. parken. Es ist möglich, statt an der Parkuhr *(horodateur)* mit dem Smartphone zu bezahlen, wenn man zuvor unter www.paybyphone.fr ein Konto mit Autokennzeichen und Kreditkartennummer einrichtet. Dann bekommt man bei Zeitüberschreitung eine SMS und kann nachzahlen, ohne zum Auto zu gehen.

Geschwindigkeitsüberschreitungen (Autobahn 130 km/h, bei Nässe 110 km/h, Landstraßen 80 km/h und in der Stadt 50 km/h) und falsches Parken bzw. Halten werden mit hohen Geldbußen geahndet. Die **Promillegrenze** beträgt 0,5.

Die TaM (www.tam-voyages.com) verwaltet neben den öffentlichen Verkehrsmitteln auch neun Park-and-Ride-Parkplätze, sechs Parkhäuser in der Innenstadt und die Parkplätze am Straßenrand. Die **Parkhauspreise** liegen für 2 Std. bei um die 5 € und für 24 Std. ca. 20 €. Es gibt auch private Parkhäuser wie den Parking Polygone oder den Parkplatz unter dem Aqueduc de St-Clément.

› **Parktipps und Pläne** unter www.montpellier.fr/196-se-garer-a-montpellier.htm

24 Stunden geöffnet und zentral sind z. B. folgende Parkhäuser:

- P169 [F4] **Parking Antigone,** Boulevard d'Antigone
- P170 [D4] **Parking de la Comédie,** Place de la Comédie. Das Parkhaus ist nur durch einen Tunnel erreichbar, am besten folgt man den Schildern mit der Aufschrift „Corum".
- P171 [D2] **Parking du Corum,** 3 Rue du Faubourg de Nîmes
- P172 [D6] **Parking St-Roch,** 50 Rue du Grand St-Jean, am Bahnhof

Barrierefreies Reisen

Die Stadt bemüht sich, Straßen, Wege und öffentliche Gebäude für Menschen mit Behinderungen zugänglicher zu machen. **Sehbehinderte** werden im Zentrum durch das Piepsen von Ampeln, Bus- und Tramtüren ge-

Hell durch transparente Bauweise: die Gare St-Roch

leitet. Die Stadt richtet zunehmend Orientierungshilfen in Braille-Schrift und Rampen für **Rollstuhlfahrer** ein.

Einige Museen und Hotels (z. B. das Hôtel d'Aragon, s. S. 124) sowie das Office de Tourisme (s. S. 113) haben das Label „Tourisme & Handicap", das eine behindertengerechte Ausstattung zertifiziert. Die Tourismusinformation bietet **Audioguides** für Sehbehinderte und Schwerhörige an sowie **Führungen** für Menschen mit Handicap *(visites accessibles)*.

Montpellier preiswert

- Wenn man viel einkaufen, an einer Stadtführung des Office de Tourisme (vorher reservieren) teilnehmen und kostenlos mit den Trams fahren möchte, lohnt sich der Erwerb einer **City Card Montpellier,** die zudem ermäßigten Eintritt in Museen und Sehenswürdigkeiten bietet. Sie kostet online für 24 Std. 15 € (Erwachsene) bzw. 7,50 € (3–18 Jahre), für 48 Std. 22/11 € und für 72 Std. 28/14 €. Die City Card ist auch im Office de Tourisme (s. S. 113) erhältlich.
- Der Eintritt in den **Jardin des Plantes** 19, den **Parc Zoologique du Lunaret** (s. S. 117) und das **Musée Fougau** 8 ist gratis und in vielen der kleineren Museen zahlt man nur um die 3 €.
- Die **Führungen des Office de Tourisme** (s. S. 113) sind für unter 18-Jährige kostenlos (Plätze reservieren).
- **Mittagsmenüs** sind in Restaurants ab 9,90 € zu haben und sie sind stets günstiger als abends. Die meisten Restaurants bieten ein preiswertes, ein mittelpreisiges und ein teures Menü an.

Im Musée Fabre 3 gibt es am Empfang oder online einen Leitfaden zu einem Parcours für Rollstuhlfahrer („The Museum in Comfort"). Auf Anfrage kann man auch einen Rollstuhl leihen. Alle Angebote des Museums findet man auf der Website unter https://museefabre.montpellier3m.fr/publics-specifiques.

Diplomatische Vertretungen

- •173 [D3] **Deutsches Honorarkonsulat,** Maison des Relations Internationales, 14 Descente en Barrat, 34000 Montpellier, Tel. 0467607546, montpellier@hk-diplo.de, Di, Do 10–12, 14–16.30 Uhr, nur nach Terminvereinbarung
- Ein **Schweizer Konsulat gibt es in Montpellier nicht.** Im Notfall müssen Schweizer sich an das Konsulat in Marseille wenden (www.eda.admin.ch/countries/france/de/home/vertretungen/botschaft/generalkonsulat-marseille.html, Termin nur nach Voranmeldung).
- Ein **österreichisches Konsulat** (www.bmeia.gv.at) **gibt es in Montpellier nicht.** Im Notfall müssen Österreicher sich an die Konsulate in Toulouse oder Marseille bzw. an die Botschaft in Paris wenden.

Geldfragen

Frankreich gehört zur **Eurozone.** Man kann problemlos mit seiner **Giro- bzw. Debitcard** an Bankautomaten Geld abheben. In Geschäften und Restaurants werden Giro-/Debit- und **Kreditkarten** i. d. R. ebenfalls akzeptiert.

Hotels und **Restaurants** sind in allen Preiskategorien zu finden. **Lebensmittel** sind in Montpellier tendenziell etwas teurer als in Deutschland.

Informationsquellen

Infostelle in der Stadt

ℹ**174** [D4] **Office de Tourisme,** Pl. de la Comédie, 30 Allée Jean de Lattre de Tassigny, F-34000 Montpellier, Tram: Comédie, www.montpellier-frankreich.de, Tel. 0033(0)0467606060, Juli, Aug., Sept. Mo-Sa 9.30-13 und 14-19, Okt.-Juni Mo-Sa 10-13 und 14-18, So & Fei ganzjährig 10-17 Uhr

Montpellier im Internet

› **www.montpellier-frankreich.de:** Website des Office de Tourisme mit hilfreichen Tipps und Infos. Hier kann man auch seine Unterkunft und Ausflüge buchen sowie Broschüren herunterladen.
› **www.montpellier.fr:** Website der Stadt Montpellier mit aktuellen Infos
› **http://de.france.fr/de:** Auf der Website von Atout France, der französischen Zentrale für Tourismus, findet man alle möglichen Informationen und Broschüren zum Download.
› **www.umontpellier.fr:** Website der Université de Montpellier (auch auf Englisch)
› **https://montpellier.citycrunch.fr:** Blog mit Ausgehtipps, angesagten Adressen, Wanderungen und Ausflugsempfehlungen
› **www.toutmontpellier.fr:** Website zu Kultur, Leben und Ausflügen auf Französisch
› **www.destination-languedoc.de:** deutschsprachige Website mit Infos über das Département Hérault und das Languedoc
› **www.leguidemontpellier.com:** ausführliche Website (auch auf Englisch) über Montpellier, die Umgebung und die Weingebieten
› **www.herault-tourisme.com:** französische Website über das Département Hérault
› **https://pintade-montpellier.com/la-pintade-a-montpellier:** Blog mit Lifestyle-Tipps zu Restaurants, Unterkünften etc.

Publikationen und Medien

Stadtpläne bekommt man in der Touristeninformation (s. S. 113) und im Buchhandel. An der Gare St-Roch [D6], am Flughafen und an der Place de la Comédie ❶ sind **deutschsprachige Zeitungen** erhältlich.

065mo-ps

› *Im Office de Tourisme kann man Führungen und Ausflüge buchen*

Über Events und Lokales informiert die Tagespresse, z. B. die Regionalausgabe der Tageszeitung **„Le Midi Libre“** (www.midilibre.fr/herault/montpellier). **„La Gazette de Montpellier“** erscheint seit 1987 jeden Donnerstag und enthält eine Übersicht über Veranstaltungen. **„Montpellier notre ville“**, das kostenlose Infomagazin der Stadt, erscheint monatlich.

Der **Fernsehsender** FR3 und einige lokale **Radiosender** bringen lokale Beiträge. In einigen Hotels kann man auch deutsche Fernsehsender empfangen.

Smartphone-Apps

- **„Montpellier contemporain“:** Mit dieser kostenlosen App für iOS und Android (auf Französisch oder Englisch) lässt sich Montpelliers moderne Architektur entdecken: drei Strecken mit Karten, Kommentare und Interviews mit Architekten.
- **„Guide des Vins de Montpellier“:** kostenlose Android-App von Mobitour mit Infos zu rund 50 Weingütern in der Umgebung (auf Französisch)
- **„TaM – Transports de Montpellier 3M“:** kostenlose offizielle App der städtischen

Meine Literaturtipps

- In **„Die Hunde von Montpellier“** macht Anna Elisabeth Mayer den Arzt Rondelet zu ihrer Hauptfigur, der Mitte des 16. Jh. durch das Sezieren menschlicher Leichen an der Universität von Montpellier gegen die Tabus seiner Zeit verstößt (Schöffling & Co., 2014).
- Robert Merle schrieb die Saga **„Fortune de France“** über die Geschichte der Glaubenskämpfe in Frankreich. **„In unseren grünen Jahren“** (Aufbau-Verlag, Berlin 2003), einer der 13 Bände, spielt unter anderem in Montpellier, wo der Ritter Pierre de Siorac um 1566 Medizin studiert und den Beginn der religiösen Machtkämpfe zwischen Hugenotten und Papstanhängern erlebt.
- Um Hugenotten, Schmugglerverstecke und Karstplateaus in den Cevennen nördlich von Montpellier geht es in dem Krimi **„In tiefen Schluchten“** von Anne Chaplet (Kiwi, Köln 2017).
- **„Eine Welt im Umbruch. Der Aufstieg der Familie Platter 1499 bis 1628“** (Klett-Cotta, Stuttgart 1998) von Emmanuel Le Roy Ladurie ist eine aufschlussreiche Familiensaga um die Schweizer Dynastie Platter in der Zeit zwischen ausgehendem Mittelalter und Renaissance. Felix studiert in Montpellier Medizin und wird später ein berühmter Pestarzt in Basel.
- Marc Sich, Journalist bei Paris Match, hat zwei französische Krimis über einen Serienkiller geschrieben, die in Montpellier spielen: **„Mortels Abîmes“** und **„Le Pavillon du Mal“**.
- Als Buch und Audio-CD erhältlich ist die **„Liebesgeschichte der schönen Maguelone und des Grafen Peter von Provence“** (Edition Holzinger, Berlin 2014) von Johann Ludwig Tieck, eines Autors der Romantik aus Berlin, der die Legende um die Entstehung der Kathedrale von Maguelone literarisch verarbeitet hat. Texte aus diesem Werk vertonte später **Johannes Brahms** in seinem Opus 33 unter dem Titel „Fünfzehn Romanzen, Maguelone-Lieder für eine Singstimme und Klavier“.

Verkehrsbetriebe mit Infos zu Verbindungen und Fahrzeiten (auf Englisch, für iOS und Android)

- **M'Ticket:** Über die App kann man Tickets für die öffentlichen Verkehrsmittel kaufen und auch Parkgebühren begleichen (kostenlos für iOS und Android).

LGBT+

Der erste ausgelassene **Pride-Umzug** geht auf das Jahr 1994 zurück. Informationen zu dem jährlichen Event im Juli mit um die 25.000 Teilnehmern bietet die Website www.mygayprides.com. In Montpellier gingen am 29. Mai 2013 die ersten Homosexuellen in Frankreich den Bund der Ehe ein. Heute gilt die Stadt nach Paris als LGBT-freundlichste des Landes.

Ganzjährig gibt es viele Ausgehmöglichkeiten. Im November lockt das **Festival Bleu, Blanc, Rose** homosexuelle Touristen an. Infos zu Locations, Hotels und Szenetreffs der LGBT-Szene bietet www.gay-sejour.com/de/b-83/montpellier--herault.html.

•175 [C2] **Fierté Montpellier Pride,** 21 Blvd. Pasteur, Tram: Louis Blanc, www.fiertemontpellierpride.com. Die Vereinigung der Schwulen und Lesben organisiert das Gay-Pride-Fest, informiert und berät.

Szenebars und -treffs

176 [C4] **Le Marvelous,** 3 Pl. St-Ravy, Tel. 0499611631, Mo, Di nur mittags, Mi–Sa 12–14 und 19–22/22.30 Uhr. Das Bar-Restaurant mit guter Musik hat eine Terrasse an einem winzigen Altstadtplatz. Gemütlich ist die erste Etage mit großem Fenster und Kamin. Sonntags gibt es Brunch.

177 [D4] **Moom Club,** 3 Rue Collot, bei Facebook, Tischreservierung: Tel. 0684963415, Di–Sa 23.55–6 Uhr, Eintritt 10 €. Beliebter studentischer Club, in dem vor allem Techno und Deephouse gespielt wird. DJs legen angesagte Musik auf. Dienstags und mittwochs „gay friendly" DJ-Partys.

LGBT-freundliche Unterkünfte:

- Hôtel des Arceaux (s. S. 124)
- Hôtel d'Aragon s. S. 124
- Les 4 Étoiles (s. S. 124)

Medizinische Versorgung

Ärzte und Krankenhäuser in Montpellier entsprechen dem europäischen Standard. Um behandelt zu werden, braucht man einen **Personalausweis** und die **Europäische Krankenversicherungskarte (EHIC).** Die Arztkosten müssen vor Ort **zunächst selbst bezahlt** werden. Man sollte sich eine detaillierte Rechnung ausstellen lassen und diese zu Hause bei der Krankenkasse einreichen, um den ausgelegten Betrag erstattet zu bekommen. Wie bei allen Reisen ist dennoch der Abschluss einer **Auslandskrankenversicherung** ratsam. Sie übernimmt, wenn erforderlich, den Krankenrücktransport ins Heimatland.

Apotheken, die 24 Stunden oder sonntags geöffnet haben, gibt es in Montpellier nicht. Apotheken, die Nachtdienst haben, sind in der Regel an der Tür oder am Fenster ausgeschrieben. Ansonsten findet man sie im Internet unter https://pharmaciedegarde.co/pharmacie-ouverte-montpellier.html oder unter www.3237.fr.

Krankenhäuser

178 [cg] **Hôpital Arnaud-de-Villeneuve,** 191 Av. du Doyen Gaston Giraud, Tram: Occitanie oder Lapeyronie, Tel. 0467336733. Uniklinik, Centre Hospitalier Universitaire de Montpellier (CHU) mit Notaufnahme und zwölf Abteilungen.

179 [cg] **Hôpital Lapeyronie,** 371 Av. du Doyen Gaston Giraud, Tram: Lapeyronie, Tel. 0467339500. Täglich 24 Std.

Apotheken

180 [C4] **La Pharmacie de L'Écusson,** 6 Rue St-Guilhem, http://pharmaciedelecusson.fr, Tel. 0467607486, Mo–Sa 9–20 Uhr

181 [D4] **Pharmacie de la Comédie,** 1 Rue de Verdun, https://pharmacie-delacomedie.fr, Tel. 0467585494, tgl. 8–20 Uhr

Nicht nur für Kinder spannend: ein Besuch im Aquarium

Mit Kindern unterwegs

Montpellier ist eine **kinderfreundliche Stadt** mit vielen Grünflächen und Parks. Einen schönen Kinderspielplatz, Wiesen, Bänke und Springbrunnen bieten der **Jardin du Champs de Mars** neben der Esplanade Charles de Gaulle 2.

Die meisten Jugendlichen freuen sich über die BMX-Fahrräder an den Hauswänden und die **Street-Art** (s. S. 100). **Kinos,** ein **Planetarium,** ein **Aquarium** und eine **Schlittschuhhalle** befinden sich rund um die Shoppingmall Odysseum (s. S. 89). Dort kann man zudem im **Twist'Air** beim Bodyflying in einem 6 m hohen Glaskanal frei fliegen.

Naturverbundener bummelt man durch den kostenlosen **Zoo,** auf dem es auch einen großen Spielplatz und Picknicktische gibt.

Das Schönste für Kinder sind aber wohl die nahen **Strände** (s. S. 53). Rund um die **Cathédrale de Maguelone** 26 auf einer Insel in einem Salzwasserteich spazieren Pfauen frei he-

076mo-ps

rum und im Sommer freut die Anfahrt mit dem kostenlosen Petit Train die Kleinen.

•182 [dg] **Aquarium Mare Nostrum,** Allée Ulysse, Tram: Place de France, Tel. 0467135050, www.planetocean world.fr, April–Aug. tgl. 11–19 Uhr, sonst nur Mi–So, Eintritt 19,50/14 € Familienticket online 61 €. Seepferdchen, Quallen, Muränen und Haie – Besucher lernen hier die Artenvielfalt der Meere kennen. Pinguine sind ebenfalls im Aquarium zu Hause. Ein kleines Abenteuer ist die Simulation eines in einen Sturm geratenen Frachtschiffs, das ganz schön wackelt, während die Scheibenwischer am Cockpitfenster mit dem Wasser der riesigen Wellen zu kämpfen haben.

•183 [cg] **Parc Zoologique du Lunaret,** 50 Avenue Agropolis, Tram: St-Eloi, dann Bus 13 („La Navette") Richtung Universités bis Zoo, http://zoo.montpellier.fr, Tel. 0467544523, April–Sept. Di–So 9.30–18.30, Febr., März, Okt. Di–So 10–18, Nov.–Jan. bis 17 Uhr, Eintritt Zoo frei, Eintritt Serre Amazonienne (Tropenhaus und Restaurant) 6,50/3 € (Kinder bis 6 Jahre frei). Der 80 ha große Zoo ist flächenmäßig der größte Zoo Frankreichs und wird bis Ende 2025 weiter vergrößert und verbessert. Löwen, Giraffen, Zebras und Braunbären sind hier ebenso zu Hause wie Vögel und Reptilien. Krokodile, einen Wasserfall und tropische Pflanzen aus dem Amazonasgebiet gibt es im Serre Amazonienne zu entdecken.

S184 [dg] **Twist'Air,** Place Des Grands-hommes, www.twist-air.com, zwei Flüge Kinder 39 €, Erw. 59 €. Kinder ab 5 Jahren können beim Bodyflying frei im Glaskanal fliegen.

Toiletten

Die Stadt Montpellier hat seit den 2000er-Jahren etwa 29 **öffentliche Toiletten** eingerichtet, die kostenlos und auch für Rollstuhlfahrer zugänglich sind. Unter www.montpellier.fr/4253-les-toilettes-publiques-a-montpellier.htm sind sie verzeichnet. Eine befindet sich z. B. hinter der Opéra Comédie (s. S. 85). Ebenso ist es möglich, in Museen oder im Café auf die Toilette zu gehen.

Notfälle

Notrufnummern

- **Notruf:** Tel. 112
- **Polizei:** Tel. 17
- **Feuerwehr:** Tel. 18
- **Krankenwagen (Samu):** Tel. 15
- **Notarzt:** Tel. 0467722215 (24 Std.)

Kartensperrung

Bei **Verlust der Debit-/Giro-, Kredit-** oder **SIM-Karte** gibt es für Kartensperrungen eine **deutsche Zentralnummer** (unbedingt vor der Reise klären, ob die eigene Bank bzw. der jeweilige Mobilfunkanbieter diesem Notrufsystem angeschlossen ist). **Aber Achtung:** Mit der telefonischen Sperrung sind die Bezahlkarten zwar für die Bezahlung/Geldabhebung mit der PIN gesperrt, nicht jedoch für das **Lastschriftverfahren mit Unterschrift.** Man sollte daher auf jeden Fall den Verlust zusätzlich **bei der Polizei zur Anzeige bringen,** um gegebenenfalls auftretende Ansprüche zurückweisen zu können.

In **Österreich** und der **Schweiz** gibt es keine zentrale Sperrnummer, daher sollten sich Besitzer von in diesen Ländern ausgestellten Debit- oder Kreditkarten vor der Abreise bei ihrem Kreditinstitut über den zuständigen Sperrnotruf informieren.

Generell sollte man sich immer die **wichtigsten Daten** wie Kartennummer und Ausstellungsdatum **separat notieren**, da diese unter Umständen abgefragt werden.

- **Deutscher Sperrnotruf:** Tel. +49 116116 oder Tel. +49 3040504050
- **Weitere Infos:** www.kartensicherheit.de, www.sperr-notruf.de

Fundbüro

●185 [cg] **Service des Objets Trouvés,** im Rathaus, 1 Pl. Georges Frêche, Tram: Moularès Hôtel de Ville, Tram: Georges Frêche/Hôtel de Ville, Tel. 0467347000, Mo–Mi, Fr 8.30–17.30, Do 10–12 und 14–19 Uhr

Öffnungszeiten

Die Kernöffnungszeiten für **Ämter** und **Banken** sind Mo bis Fr von 9 bis 13.30 und 14 bis 17.30 Uhr, manche haben auch durchgehend bzw. zusätzlich samstagvormittags geöffnet. **Geschäfte** haben oft durchgehend von 10 bzw. 10.30 bis 19 Uhr geöffnet, kleinere schließen montagvormittags und mittags. Einige **Museen** haben montags geschlossen und gewähren in der Regel eine halbe Stunde vor Schließung den letzten Einlass.

Post

Briefmarken *(timbres)* bekommt man zusammen mit Postkarten in Souvenir- und Tabakläden *(tabacs)* oder bei der Post. Das **Porto** für eine Postkarte oder einen Brief nach Deutschland (bis 20 g) kostet 1,80 €. Unter https://localiser.laposte.fr/herault/montpellier findet man alle Postämter von Montpellier und ihre Öffnungszeiten.

✉186 [D4] **Postamt (1),** 9 Passage Bruyas, Tram: Comédie, Mo, Di, Do, Fr 9–18.30, Mi 9–12 u. 14–18.30, Sa 9–12.30 Uhr

✉187 [C6] **Postamt (2),** 15 Rue de Rondelet, Tram: St-Denis, Mo–Mi, Fr 9–18, Do 9–12, Sa 9–12.30 Uhr

Radfahren

Während die Gassen und Hügel der Altstadt zum Radfahren ungeeignet sind, kann man am **Fluss Lez** und **von Port Marianne** ㉔ **bis zum 11 km entfernten Mittelmeer** nach Herzenslust in die Pedale treten. Von Port Marianne aus führt ein schöner, ausgeschilderter und geteerter Radweg immer am Lez entlang bis zum Strandort Palavas-les-Flots. Die Fahrt dauert rund 45 Minuten. In **Lattes** lohnt ein Abstecher zum **Site Naturel de Méjean,** einem Naturschutzgebiet an einem Étang (Lagunensee) mit ausgeschilderten Spazierwegen.

Wer sein eigenes Rad mitbringt und weitere Ausflüge machen möchte, kann es in den Nahverkehrszügen (TER, www.sncf.com/de/zuege/ter) kostenlos mitnehmen. Von der Gare St-Roch kann man mit dem Zug nach Villeneuve-lès-Maguelone (5 Min. Fahrt) fahren. Dann geht es 20 Minuten mit dem Rad weiter über die Passerelle des Canal Rhône à Sète bis zur **Plage du Pilou** (s. S. 53). Der Radweg zwischen Montpellier und Villeneuve-lès-Maguelone ist eine Etappe des Méditerranée à Vélo (EuroVelo 8).

Eine 40 km lange Rundfahrt mit Badepause führt am Lez entlang über Lattes nach Palavas-les-Flots und dann über die Küstenstraße nach Carnon und über Pérols nach Montpellier zurück. Eine weitere Tour führt von Carnon über den Weg parallel zum Strand bis nach La Grande

Motte. Man fährt an einem Pferdehof und Étangs vorbei, bekommt ein wenig Camargue-Feeling und sieht vielleicht Flamingos. Bei **Camargue Autrement** (s. S. 121) kann man geführte E-Bike-Ausflüge buchen.

Die städtischen Leihfahrräder **Vélomagg** (www.tam-voyages.com, Menü: s'informer) stehen an 57 Stationen zur Verfügung, u. a. an der Tramstation Pérols Étang de l'Or, wo sie für die Reststrecke zum Strand begehrt sind. Am Strand gibt es aber keine Stationen, um sie wieder abzustellen, also sollte man ein Fahrradschloss mitnehmen. Man kann die Räder für maximal 24 Std. mieten (0,50 €/Std., Zahlung per Kreditkarte, Registrierung am Automaten vor Ort). Um die Räder zu entriegeln, bekommt man eine SMS mit einem Code auf sein Handy. Vermietet werden auch Räder mit Kindersitzen, Räder für 9- bis 13-Jährige und Räder mit Anhänger für ein bis zwei Kinder. In den Trams dürfen Räder außerhalb der Rushhour mitgenommen werden.

- •188 [dg] **ABC Vélos,** 189 Rue Fra Angelico, Tel. 07 81 32 83 25, https://abcvelos-occitanie.ouibike.net, tgl. 9–18.30 Uhr. Hier kann man online Räder mieten und wählen, ob man sie im Laden abholen möchte oder sie sich lieber zum Hotel bringen lässt. Auch E-Bikes und individuelle Ausstattung vom Kindersitz bis zur Satteltasche sind buchbar.
- •189 [B4] **Ebike Premium,** 13 Bd Ledru Rollin, Tel. 0499664635, www.ebikepremium.com, Mo–Sa 9.30–19 Uhr. Bei Ebike Premium kann man ein breites Spektrum an Fahrrädern und auch E-Rollern (trotinettes électriques) ausleihen.
- •190 [E6] **W – Ville & Vélo,** 41 Blvd. Strasbourg, Tram: Place Carnot, Tel. 0434430452, www.velo-et-ville.net, Di–Sa 10–19 Uhr. Hier bekommt man Leihräder ab 15 €/Tag mit Helm und Diebstahlsicherung sowie drei Routenbeschreibungen (u. a. zum Strand und zu Wein- und Olivenkulturen). Mit Fahrradladen, Reparaturwerkstatt und kleinem Café.

Sicherheit

Montpellier ist nicht gefährlicher als andere europäische Großstädte. Im Gedränge, auf Märkten oder am Strand kann es wie überall zu **Diebstählen** kommen. Offen Wertgegenstände im Auto liegen zu lassen, verleitet zu Einbrüchen. Nachts sollte man **einsame Gassen und Ecken meiden.** Viertel wie Plan Cabanes und Figuerolles gelten als zentrumsnahe soziale Brennpunkte. Ist es für die Metro zu spät, nimmt man besser ein Taxi! Rauer geht es in den **Banlieues** (Vororten) zu, in die es Touristen jedoch nur selten verschlägt.

Diebstähle sollte man aus versicherungstechnischen Gründen anzeigen:

- 191 [D4] **Bureau de Police de la Comédie,** 2 Allée Jules Milhau, Tram: Comédie, Tel. 0486949730 (Notfall 17 oder 112), Mo–Fr 9–18 Uhr
- 192 [cg] **Police municipale,** Av. Germaine Tillion, Tram: Georges Frêche, Hôtel de Ville, Tel. 0467348830, Mo–Fr 8.30–16.15 Uhr

Sprache

In Montpellier wird vorwiegend **Französisch** mit südlichem Akzent gesprochen. Verständigen kann man sich aber auch auf **Englisch.** Im Musée Fabre (3) gibt es deutschsprachige Audioguides und in anderen Museen sind die Exponate manchmal auch auf Englisch beschriftet. Der regionale **südfranzösische Dialekt** integriert Ausdrücke, die auf das **Okzitanische** zurückgehen. Anders als in vielen Dörfern des Languedoc spielt Okzitanisch in Montpellier heute kaum mehr eine Rolle, auch wenn ein traditionsbewusster Verein im Hôtel de Varennes mit der L'Escòla dau Parage (s. S. 29) Sprachkurse anbietet.

Über 20 Sprachschulen locken heute ein junges internationales Publikum nach Montpellier. Sie bieten **Französischkurse** für alle Niveaus und z. B. DELF-/DALF-Vorbereitungen. Die Schüler bekommen einfache Unterkünfte oder Gastfamilien vermittelt und können an Aktivitäten und Ausflügen in die Umgebung teilnehmen. Auch an der Université Paul Valéry können Ausländer Französisch lernen (http://iefe.univ-montp3.fr). Ein Ranking der Sprachschulen sowie Infos dazu, ob der Sprachkurs als Bildungsurlaub anerkannt wird und in welchem Teil der Stadt die Schule liegt, bietet die Website www.languagecourse.net/sprachschulen-montpellier.php3.

- **193** [D5] **Accent Français,** 2 Rue Jules Ferry, www.accentfrancais.com, Tel. 0467581268. Besteht seit 1998, Vorbereitung für offizielle Sprachprüfungen und Bildungsurlaub.
- **194** [B3] **LSF Montpellier,** 6 Rue Foch, www.sprachschule-montpellier.de, Tel. (Deutschland) 09473 951550 (Infos auf Deutsch). Auch Kochkurse, Schülersprachreisen, Lehrer- und Intensivkurse.

Stadttouren

Die ausgebildeten **Guides des Office de Tourisme** (s. S. 113) bieten thematische Stadtführungen an, auch einige auf Englisch. Rechtzeitig online reservieren, denn manche Führungen werden nur in unregelmäßigen Zeitabständen angeboten und sind schnell ausgebucht! Viele Orte wie der Turm der Kathedrale ⓫, die Aussichtsplattform des Arc de Triomphe ⓴ und die anatomische Sammlung der medizinischen Fakultät ⓬ sind nicht ohne Führung zugänglich. Beliebt ist auch die Führung in der Faculté de Droit (s. u.).

Die *visites guidées* dauern 1½ bis 2½ Stunden und kosten 10 bis 15 € (Kinder 8 €), kleinere Führungen, z. B. durch die Mikvé ❾, kosten 5 €.

Für **Stadterkundungen auf eigene Faust** kann man im Office de Tourisme nach deutschsprachigen Audioguides (10/8 €, Kaution 70 €) fragen. Wer Französisch kann, findet auf der Website www.podcastics.com/podcast/vivezmontpellier viele Podcasts zu Sehenswürdigkeiten, Persönlichkeiten und Legenden der Stadt.

Auf der Place de la Comédie ❶ gegenüber vom Fremdenverkehrsamt starten 40-minütige Fahrten mit dem **Petit Train** durch die Altstadt bis zur Promenade du Peyrou ㉑ (Mitte Febr.–Okt., 8/5 €, Kommentare durch Kopfhörer, auch auf Deutsch).

MEIN TIPP

Führung in der Faculté de Droit

In Montpellier wird schon seit dem 12. Jahrhundert Recht gelehrt. Zu den berühmtesten Studenten zählten Jean Moulin und Paul Valéry. Seit 1956 ist ein Teil der Hochschule im Kloster Couvent des Visitandines (17. Jh.) untergebracht. Das Office de Tourisme bietet Führungen durch die Räumlichkeiten an. Um hereinzukommen, muss man – auch im Rahmen der Führung – einen Personalausweis vorlegen.

- **195** [A3] **Faculté de Droit,** Rue de l'École de Mage, zweistündige Führung, 12 €

Die umweltfreundlichen **Fahrradrikschas** *(vélotaxi)* von **Happymoov** (www.happymoov.com, 20-minütige englischsprachige Tour für zwei Personen, Tel. 0624160818, ab 20€) kann man online reservieren, aber man findet die Rikschas auch an der Straße. Sie funktionieren wie Taxis und fahren ab 5€ zu einem bestimmten Ziel. Kurze Strecken, z.B. mit Koffer von der Place de la Comédie zum Bahnhof, lassen sich mit den Fahrern verhandeln.

Geführte E-Bike-Touren mit Weinprobe in der Camargue bietet Camargue Autrement in Le Grau du Roi (Erw. 49€, Kinder 5–12 Jahre 24€, www.camargue-autrement.com, frühzeitig online reservieren).

Montpellier Wine Tours (www.montpellierwinetours.com/de, Tel. 0695162561) hat für 70€ halbtägige Ausflüge im klimatisierten Minibus zu Winzern und Olivenbauern oder Austernzüchtern im Programm.

Telefonieren

In Frankreich gelten **zehnstellige Rufnummern ohne weitere Vorwahlen.** Wer **aus dem Ausland** anruft, wählt die **Landesvorwahl 0033** und dann die komplette Nummer ohne die Null, innerhalb Frankreichs wird die gesamte Nummer inklusive 0 gewählt.

In der EU gibt es **keine Roaminggebühren** mehr. Das Telefonieren und Surfen mit dem Handy ist im EU-Ausland so günstig wie zu Hause – es sei denn, man nutzt das Handy im Ausland über einen längeren Zeitraum hinweg, dann können je nach Anbieter Nutzungsobergrenzen gelten.

- **Auskunft in Frankreich:** Tel. 12
- **Internationale Auskunft von Frankreich aus:** Tel. 118700

Landesvorwahlen

- **Frankreich:** 0033
- **Deutschland:** 0049
- **Österreich:** 0043
- **Schweiz:** 0041

Unterkunft

In der Altstadt und zwischen Place de la Comédie 1 und Gare St-Roch [D6] bietet Montpellier viele preisgünstige Hotels in zentraler Lage. Auch die Viertel Beaux-Arts, St-Roch und Les Arceaux sind für eine Übernachtung geeignet. Viele Unterkünfte haben Übereinkünfte mit Parkhäusern, sodass Gäste gegen Vorlage der Hotelbescheinigung ermäßigt parken können.

Viertel wie Euromédecine in der Nähe des Stade de la Mosson oder in der Nähe des Odysseum sind zwar gut mit der Tram an die City angebunden, aber eher für eine Business-Klientel als für Kurzurlauber attraktiv.

Wer lieber am Meer wohnt und Ausflüge in die Stadt macht, findet an der Küste zahlreiche **Campingplätze** und **Hotels.** Einen Hinweis auf Qualität und Individualität gibt das Label „Hôtels de Charme et de Caractère“. Eine Alternative sind **Chambres d'hôtes** (Gästezimmer in Pensionen, oft mit Frühstück und auf Wunsch auch Abendessen). **Apartmenthotels** sind ideal für Selbstversorger und Familien. Hier kann man sich das Frühstück und Abendessen selbst zubereiten.

Das **Frühstück** kostet in der Regel extra, in preiswerten Unterkünften um die 10 bis 15€. Fast alle Unterkünfte bieten kostenloses **WLAN.**

Auf den Zimmerpreis aufgeschlagen wird jeweils die **Bettensteuer**

Buchungsportale

Neben Buchungsportalen für **Hotels** (z. B. www.booking.com, www.hrs.de oder www.trivago.de) bzw. für **Hostels** (z. B. www.hostelworld.com) gibt es auch Anbieter, bei denen man **Privatunterkünfte** buchen kann. Portale wie www.airbnb.de oder www.wimdu.de vermitteln Wohnungen, Zimmer oder auch nur einen Schlafplatz auf einer Couch. Diese oft recht günstigen Übernachtungsmöglichkeiten sind nicht unumstritten, weil manchmal normale Wohnungen gewerblich missbraucht werden. Einige Städte greifen deshalb regulierend ein.

(taxe de séjour), die je nach Hotelkategorie und Zimmerpreis von 0,20 € bis zu über 5 € pro Tag (Luxushotels) betragen kann.

Buchen kann man seine Unterkunft auch über das Fremdenverkehrsamt (https://book.montpellier-tourisme.fr/fr/hebergements). Ferienhäuser und Apartments findet man auf Portalen wie www.fewo-direkt.de oder www.clevacances.com.

Günstig

196 [A1] **Hôtel Acapulco** €, 445 Rue Auguste Broussonnet, Tram: Stade Philippidès, Tel. 0467541221. Die alte **Villa mit Garten** im Viertel Beaux-Arts/Boutonnet in der Nähe der Altstadt bietet 15 funktional eingerichtete Zimmer auf zwei Etagen. Familiärer Charakter. Bei gutem Wetter kann man an kleinen Tischen im Garten frühstücken.

197 [D5] **Hôtel Colisée-Verdun** €, 33 Rue de Verdun, Tram: Gare St-Roch, Tel. 0467584263, www.hotelcolisee.com. Das Zweisternehotel bietet relativ **große, saubere Zimmer** mit bunter Bettwäsche und kleinen Schreibtischen. Einige haben Balkon und Badewanne. Das Haus mit Klimaanlage hat einen Aufzug und doppelt verglaste Scheiben.

198 [D4] **Hôtel de la Comédie** €-€€, 1 Rue Baudin, www.hotel-montpellier-comedie.com, Tram: Comédie, Tel. 0488927310. **Budgetschonend:** saubere, einfache, klimatisierte Zimmer mit Bad und TV in einem historischen Haus, das sich zentral in einer Gasse an der Place de la Comédie befindet.

199 [D5] **Hôtel de Paris** €, 15 Rue Aristide Olivier, www.hotel-paris-montpellier.fr, Tram: Gare St-Roch, Tel. 0467583711. **Gut und günstig:** einfaches Hotel mit klimatisierten Einzel- bis Vierbettzimmern mit eigenem Bad in zentraler Lage.

200 [C5] **Hôtel des Arts** €, 6 Boulevard Victor Hugo, www.hotel-des-arts.fr, Tram: Gare St-Roch, Tel. 0467586920. Geräumige, renovierte Zimmer mit Klimaanlage, TV, Badewanne oder Dusche und komfortablen Betten, auch Familienzimmer. Das **zentral in der Altstadt gelegene Hotel** serviert bis 11 Uhr kontinentales Frühstück.

201 [C5] **Hôtel des Étuves** €, 24 Rue des Étuves, Tram: Comédie, www.montpellier-hotel.com, Tel. 0467607819. Das einfache Hotel befindet sich **in Fußnähe des Bahnhofs St-Roch und der Place de la Comédie** in einer verkehrsberuhigten Straße. Es hat 13 kleine, saubere Zimmer mit TV und Badezimmer.

202 [B3] **Hôtel du Palais** €-€€, 3 Rue du Palais des Guilhem, www.hoteldupalais-montpellier.fr, Tram: Comédie, Tel. 0467604738. **Tolle Lage und viel Charme:** Das Hotel in einem historischen Stadthaus in der Nähe der Place de la Canourgue vermietet 26 gemütlich eingerichtete Zimmer mit Dusche oder Badewanne für zwei bis drei Personen und hat einen Co-Working-Bereich.

203 [C1] **Hôtel du Parc** €-€€, 8 Rue Achille Bégé, www.hotelduparc-montpellier.com, Tram: Place Albert I., Tel. 0467411649. Das **Zweisternehotel im Viertel Beaux-Arts** ist in einem geschmackvoll restaurierten *hôtel particuliers* aus dem 18. Jh. untergebracht. Frühstücken kann man bei gutem Wetter auf der Terrasse. Charmant und erholsam, familiäre Atmosphäre.

204 [E5] **Hôtel Le Mistral** €, 25 Rue Boussairolles, www.hotel-le-mistral.com, Tram: Comédie, Tel. 0469001506. Zweisternehotel in einem Wohnhaus mit hohen Decken, großen Fenstern und Holzböden zwischen Bahnhof und Place de la Comédie. **Nettes Ambiente und freundliches Personal.** Einzel-, Doppel- und Dreibettzimmer mit TV, Klimaanlage und Bad. Gutes Frühstück.

205 [E6] **Hôtel Le Strasbourg** €, 39 Blvd. de Strasbourg, Tram: Place Carnot, www.le-strasbourg.com, Tel. 0467651900. Ein einfaches Dreisternehotel, das sich für Familien eignet, denn es liegt zentral und hat **Einzel-, Doppel- und Familienzimmer** für bis zu sechs Personen. Gut geeignet für Budgetbewusste.

206 [C5] **Hôtel Nova** €, 8 Rue Richelieu, Tram: Gare St-Roch, www.hotelnova.fr/de/, Tel. 0467607985. Das Hotel **hinter der Oper** bietet saubere Zimmer mit TV, Dusche und WC. Auch Drei- und Vierbettzimmer. Familiäre Gastfreundschaft und reichhaltiges Frühstück.

Preiskategorien

Die Kategorien beziehen sich auf den ungefähren Preis für ein Doppelzimmer ohne Frühstück.

€	bis 120 €
€€	120–180 €
€€€	über 180 €

MEIN TIPP

Eklo Montpellier

Im Viertel Nouveau Saint-Roch eröffnen derzeit mehrere zentral gelegene, moderne Hotels. Ein interessanter Hybrid mit Zimmern im Jugendherbergsstil und komfortablen DZ sowie Bar, Restaurant, Platz zum Arbeiten, Gemeinschaftsräumen und Eventprogramm, das sich an nachhaltigen Kriterien und jungem Lifstyle orientiert, ist das Hotel der Kette Eklo, die zum Beispiel schon in Bordeaux, Lyon und Toulouse gut etabliert ist. Massiver Neubau von außen, aber von innen gemütlich, gesellig und öko.

210 [D5] **Eklo Montpellier** €-€€, 4 Rue Jules Ferry, Tram: Saint-Roch, www.eklohotels.com/montpellier, **Eröffnung im Oktober 2023**

207 [D6] **Hôtel Saint-Roch** €-€€, 14 Rue Jules Ferry, Tram: Gare St-Roch, http://hotel-montpellier-gare.fr, Tel. 0467607281. Einige der modernen 12 Zimmer des Hotels in Bahnhofsnähe haben Balkone. **Schickes, funktionales Design und gutes Preis-Leistungs-Verhältnis.**

208 [G1] **Hôtel Ulysse** €€, 338 Av. de St-Maur, www.hotel-ulysse.fr, Tram: Corum, Tel. 0467020230. Dreisternehotel mit Doppel- und Dreibettzimmern und Terrasse in der Nähe des Kongresszentrums Corum und **in Fußnähe der Altstadt.** Ruhig, mit Parkplatz, nettes familiäres Ambiente und gutes Frühstück. Individuell eingerichtete, einfache Zimmer, teilweise mit Balkon.

209 [cg] **Jost Hotel** €, 50 Rue Isabelle Eberhardt, Tram: Rondelet, Tel. 0412051929, www.jost-hotel-montpellier.com. **Junges Hotel im Viertel Nouveau Saint-Roch:** 86 DZ und Schlafsäle mit insgesamt 52 Schlafplätzen für Backpacker. Zentral gelegen, mit netter, stylisher Kantine, Bierbar, Rooftop-Restaurant Nonna Giona und Karaoke Box.

211 [C5] **Maje Hostel** €, 4 Rue de la République, Tram: Observatoire, www.welcometomaje.com, Tel. 0961609546. Ab 35 € pro Nacht im Schlafsaal mit 10 Pers., Schlafsaal für sechs Frauen 39 €, DZ 75 €. **Modernes Hostel:** Hier ist in 20 Zimmern Platz für 100 Gäste. Dazu gehören ein mediterranes Restaurant mit Terrasse und ein Aufenthaltsraum im UG.

Mittelklasse

212 [D6] **Campanile Montpellier Centre St Roch** €€, 11 Rue Pagezy, Tram: Gare St-Roch, Tel. 0434091330, www.campanile.com/de-de. **In Altstadtnähe gegenüber dem Bahnhof:** Stylishes, modernes Dreisternehotel mit Frühstücksbuffet, geeignet für Familien und Businessaufenthalte. Kaffee und Tee kann man sich im Zimmer machen. Mit Terrasse, Innenhof und kleinem Spa. Die meisten Nahrungsmittel (beim Frühstück und im Restaurant) stammen von Bio-Erzeugern, eine von 23 Maßnahmen für nachhaltiges Reisen.

213 [D4] **Hôtel d'Aragon** €-€€, 10 Rue Baudin, www.hotel-aragon.fr, Tram: Comédie, Tel. 0467107000. Das **Dreisterne-Boutiquehotel** hat 12 komfortable Zimmer mit TV und Hydrojet-Duschen. Es gibt ein Zimmer mit großer Badewanne. Aussuchen kann man auch die Bettengröße: Standard (140 x 190 cm), Queen (160 x 200 cm) oder King Size (200 x 200 cm). Die Leitung legt Wert auf nachhaltigen Tourismus und unterstützt das Forschungszentrum Tour du Valat, das die Flamingos am Mittelmeer schützt und erforscht.

214 [cg] **Hôtel des Arceaux** €€, 33/35 Blvd. des Arceaux, www.hoteldesarceaux.com, Tram: Les Arceaux, Tel. 0467920303. **LGBT-freundliches Dreisternehotel** in einer Stadtvilla aus dem 19. Jh. im Viertel Les Arceaux, wo unterhalb des Aquädukts dienstags und samstags Wochenmarkt ist. Die Zimmer im Designerlook haben eigene Bäder, Schreibtische, Klimaanlagen und TVs. Ein großes Plus sind die Sonnenterrasse und der Zen-Garten mit Seerosen im Goldfischteich. Frühstück bis 12 Uhr. Mit Parkplatz.

215 [B3] **Best Western Le Guilhem** €€-€€€, 18 Rue Jean-Jacques Rousseau, Tram: Louis Blanc, www.leguilhem.com, Tel. 0467529090. Das kleine Hotel hat 35 individuell eingerichtete Zimmer in einem Haus aus dem 16. Jh. in einer ruhigen Altstadtgasse in der Nähe des Jardin des Plantes und eine authentische Atmosphäre. Frühstück gibt es bei gutem Wetter auf der **Terrasse mit Blick auf die Kathedrale St-Pierre.**

216 [G4] **Citadines Antigone Montpellier** €-€€, 588 Blv. d'Antigone, Tram: Léon Blum, www.citadines.com, Tel. 0499523750. Das **Apartmenthotel** befindet sich in Ricardo Bofills neogriechisch gestaltetem Viertel Antigone und in Fußnähe der Altstadt. Wählen kann man zwischen Studios (19 m²), Studios Deluxe (bis 28 m²) und Studios Executive (36 m²) mit voll ausgestatteten Küchen. Ein kontinentales Frühstück kann man trotzdem buchen. Es gibt einen Garten, einen Businessbereich und **Kinderbetreuungsservice.**

217 [cg] **La Villa Cémaste** €€, 9 Blvd. Rabelais, Tram: Place Carnot, Tel. 0629473165. **Chambre d'hôtes mit 6 Zimmern** in einem modernen Haus in einer ruhigen Wohngegend, nicht weit vom Zentrum. Parkplätze vorhanden. Das Tollste ist der Garten mit vielen Pflanzen und einem kleinen Pool.

218 [cg] **Les 4 Étoiles** €€, 3 Rue Delmas, www.les4etoiles.com, Tram: Plan Cabanes, Tel. 0467024769. Das **Chambre d'hôtes im Viertel Les Arceaux** ist in fünfter Generation familiengeführt und vermietet vier Designerzimmer. Mit Terrasse und Frühstücksraum.

219 [D5] **Royal Hôtel** €-€€, 8 Rue Maguelone, www.royalhotelmontpellier.com, Tram: Gare St-Roch, Tel. 0467921336. Das zentral gelegene Dreisternehotel mit 46 wundervoll farbenfrohen, großen Zimmern bietet vier Zimmerkategorien von klassisch bis zum **Familienzimmer für vier Personen** mit großer Badewanne. Auch die Gemeinschaftsbereiche zum Arbeiten und Entspannen sind sehr angenehm.

Gehoben

220 [D6] **Appart'hôtel Odalys Les Occitanes** €€, 20 Rue de la République, www.odalys-vacances.com, Tram: Gare St-Roch, Tel. 0467029250. Das **Apartmenthotel neben der Gare St-Roch** und gegenüber einer kleinen Grünanlage hat komfortable, modern eingerichtete Zimmer mit Schreibtischen, gut ausgestatteter Küchenzeile und teilweise mit großen Balkonen. Die Straßenbahn hält direkt vor der Tür, zur Place de la Comédie sind es zu Fuß fünf Minuten. Zwischen zwei Gebäuden bietet ein ruhiger Innenhof Sitzgelegenheiten. Buchen kann man auch ein Frühstück in einem Saal mit hohen Stuckdecken.

221 [D5] **Grand Hôtel Du Midi** €-€€, 22 Blv. Victor Hugo, Tram: Comédie, www.grandhoteldumidimontpellier.com, Tel. 0467926961. Das Viersternehotel in einem Eckhaus **neben der Oper** hat 44 komplett renovierte, geschmackvoll eingerichtete Zimmer. Am luxuriöstesten sind die Suiten (33 m²) mit Blick vom Balkon über die Place de la Comédie und freistehender Badewanne. Frühstück wird auf Wunsch im Zimmer serviert oder man bedient sich am Buffet in der Bar de la Loge (tgl. 18–20 Uhr Happy Hour). In der Bar und im Foyer bestimmen die Themen Ballett und Tanz die Dekoration mit wechselnden Fotoausstellungen.

222 [D5] **Hôtel Oceania Le Métropole** €€-€€€, 3 Rue Clos René, Tram: Gare St-Roch, www.oceaniahotels.com, Tel. 0467123232. Das restaurierte **Viersternehotel mit Art-déco-Elementen** in einem Gebäude aus dem 19. Jh. hat eine nette Bar, Zimmer mit Marmorbädern, das bei den Stadtbewohnern beliebte Restaurant La Closerie mit Terrasse an einem von Palmen gesäumten Pool im Innenhof, Fitnessraum, Wellness- und Konferenzräume. Geschichte atmet der hydraulische Aufzug, in dem heute ein Tisch mit PC steht. Er stammt aus dem Jahr 1898, als das Hotel nach dem Vorbild der Paläste an der Côte d'Azur eröffnet wurde. Zu den illustren Gästen des Hauses gehörten Ella Fitzgerald und ihr Orchester sowie die italienische Königin Hélène de Monténégro, die hier ab 1950 zwei Exiljahre verbrachte. François Truffaut drehte mehrere Szenen

067mo-ps

Oceania Le Métropole: im historischen Aufzug gibt es einen PC

seines Films „Der Mann, der die Frauen liebte" (1977) in diesem Hotel.

223 [E5] **Pullman La Pléiade Montpellier Centre** €€€, 1 Rue des Pertuisanes, https://all.accor.com/hotel/1294/index.de.shtml, Tram: Antigone, Tel. 0467997272. Schickes Viersternehotel mit direktem Parkplatzzugang. **Komfortable Zimmer und tolle Dachterrasse** mit Pool, Fitnessraum und Solarium. Das Haus mit 88 Zimmern wurde kürzlich komplett renoviert und der Spa-Bereich ist nun noch verlockender.

224 [cf] **Villa Magnolia** €€, 250 Avenue du Pic Saint Loup, Bus 23: Plan des 4 Seigneurs, Tel. 0769147856, https://villa-magnolia.fr. **Chambres d'hôtes mit Pool:** Fünf große, helle Zimmer in einem modernen Bed & Breakfast mit Pool, der von Mai bis September beheizt wird. Mit Frühstück. Wer möchte, kann auch Abendessen bestellen (48 Std. im Voraus). Im Norden von Montpellier in der Nähe des Zoos, der Forschungszentren und der Uni gelegen.

Camping Tohapi: Mobilhomes am Meer

Camping und Cabanes (Baumhäuser)

225 [di] **Camping des Roquilles** €, 267 bis Av. St-Maurice 34250 Palavas-les-Flots, Bus von Gare St-Roch bis Palavas, www.camping-les-roquilles.fr, Tel. 0467680347, geöffnet: Mitte April–Mitte Sept. Campingplatz vor dem Étang de Grec, **100 m vom Mittelmeerstrand** und in Fußnähe der Geschäfte des Orts. Neben Stellplätzen für Zelte und Wohnwagen werden Mobilhomes (für bis zu 6 Pers.) vermietet. Restaurant mit mediterraner Küche, mehrere Pools und eine Rutsche.

226 **Les Cabanes de l'Arbusier** €€-€€€, Domaine St-Jean de l' Arbousier, 34160 Castries, www.cabane-arbousier.fr, Tel. 0467870413. Eine knappe halbe Autostunde von Montpellier entfernt kann man auf dem historischen, 136 ha großen Bioweingut der Familie Viguier **in einem Baumhaus übernachten** (für 2–5 Pers.). Das Frühstück zieht man morgens mit einem Seil nach oben. Im Juli/August findet mittwochs um 17 Uhr eine kostenlose Führung (1½ Std., 3 km) mit dem Winzer statt. Kinder freuen sich auch über die vielen Bauernhoftiere.

068mo-ps

⚠227 [di] **Palavas Camping Tohapi** €-€€, Route de Maguelone, 34250 Palavas-les-Flots, www.palavas-camping.de, Tel. 0430051764, geöffnet: April–Sept. **Campingplatz direkt am Meer** an der Straße zur Kathedrale von Maguelone hinter dem Étang de Prévost. Großer Pool, Kinder freuen sich über Planschbecken, Whirlpool und Wasserrutsche. Stellplätze für Zelte und Wohnwagen sowie Mobilhomes. Frühbucherrabatte. Direkt nebenan Jetski-Vermietung und Strandrestaurants, z. B. das Carré Mer (s. S. 93).

Verkehrsmittel

Tram, Bus

Die **TaM** (Transports de Montpellier Méditerranée Métropole) betreibt die vier **Straßenbahnlinien** (*trams,* Tramlinie 5 soll Ende 2025 fertiggestellt werden, s. S. 108) und 41 **Buslinien** der Stadt. In der Regel halten die Busse an den **Haltestellen** von selbst, wer sich unsicher ist oder ganz allein auf weiter Flur irgendwo steht, gibt sicherheitshalber ein Handzeichen.

Straßenbahnlinie 4 ist eine Ringlinie um die Altstadt mit 18 Haltestellen: 4a fährt mit und 4b gegen den Uhrzeigersinn. Die Straßenbahnen fahren von 4.30 bis 1.30, freitags und samstags bis 2.30 Uhr.

Die **Nachtbusse L'Amigo** (im Juli/Aug. Do–Sa 24–5 Uhr) transportieren Nachtschwärmer zu den Clubs außerhalb der Stadt, z. B. an der Route de Palavas, und wieder zurück ins Zentrum (Ticket für eine Fahrt 1,60 €). Im Zentrum halten die Busse an der Gare St-Roch.

› **TaM,** www.tam-voyages.com, Tel. 0467228787

069mo-ps

Tickets

Das Ticket für **eine Fahrt** kostet 1,60 €, eine **Zehnerkarte** 10 € (für Kinder unter 10 Jahren 9,20 €) und eine **Tageskarte** *(forfait 1 jour)* 4,30 €. Für 6,50 € bekommt man eine 24 Stunden gültige Karte für fünf gemeinsam reisende Personen *(forfait famille).*

Kaufen kann man die Tickets am **Automaten** (Menüführung auch auf Deutsch) bzw. beim **Busfahrer.** Sie müssen in der Straßenbahn bzw. im Bus **entwertet** werden. Die App TaM informiert über die Verbindungen und Fahrzeiten und die App M'Ticket ermöglicht den **Online-Ticketkauf** sowie das Bezahlen von Parkgebühren (s. S. 115).

Für die Bewohner Montpelliers ist die Nutzung der öffentlichen Verkehrsmittel ab Ende 2023 gratis.

Montpelliers Trams: originelles Design auch innen

Taxi

Taxis findet man in Montpellier an der **Gare St-Roch** [D6], aber ansonsten ist es besser, sie zu rufen. Da die Innenstadt verkehrsberuhigt ist, braucht man Taxis meist eher für längere Strecken, z. B. zum Flughafen oder an die Küste. Lizensierte Taxis sind an **festgelegte Tarife** gebunden und haben ein Taxometer. Der Grundpreis beträgt 2 €, der Preis pro Kilometer je nach Tageszeit 0,82 bis 1,23 €. Hinzu kommen 0,07 € pro Minute.

› **Taxi Bleu du Midi,** Tel. 0467032000, www.taxibleudumidi.fr
› **Taxi Tram,** Tel. 0467581010, www.taxi-tram.fr
› **Allo Taxi Montpellier,** Tel. 0467154685, www.allo-taxi-montpellier.fr

Auch der Fahrdienst **Uber** ist in Montpellier vertreten und kann über die entsprechende App genutzt werden.

Wetter und Reisezeit

In Montpellier lacht die Sonne rund 300 Tage im Jahr. Im Sommer ist es heiß und im Winter fallen die Temperaturen selten unter 10 °C. Zwar wird in Palavas-les-Flots traditionell an Neujahr gebadet, doch echtes **Badewetter** herrscht von **Ende Mai bis Mitte Oktober.** An der Küste haben die meisten Hotels, Campingplätze, Strandcafés und Shops von Ende Oktober bis April geschlossen.

Montpellier selbst ist ganzjährig eine Reise wert, vom **Weihnachtsshopping** bis zum Monat **Juli** mit besonders vielen Events in der Stadt und der Umgebung (s. S. 95), der mit über 27 °C, Hochsaisonpreisen und großem Andrang allerdings auch seine Nachteile hat. Entspannter wird es ab **September**, wenn die Ferien der Franzosen zu Ende sind. Im **Oktober** beginnt das Unisemester und in der Umgebung startet die Weinernte.

Der Mistral, ein kalter Nordwind aus dem Rhônetal, und die Tramontane aus dem Nordwesten sorgen für Kühle und spontane Wetterwechsel, sind aber in der Stadt nicht so stark spürbar wie auf dem Land. Selbst im Januar können die Temperaturen auf 16 bis 18 Grad klettern.

Seilbahn über der Lez-Mündung in Palavas (s. S. 53)

Durchschnitt	Wetter in Montpellier											
Maximale Temperatur	11°	12°	15°	18°	21°	26°	29°	28°	25°	20°	15°	11°
Minimale Temperatur	1°	2°	5°	8°	11°	14°	16°	16°	14°	10°	5°	2°
Regentage	7	5	6	6	5	4	2	4	4	7	5	6
Wassertemperatur	13°	12°	13°	14°	17°	20°	21°	21°	21°	19°	17°	15°
	Jan	Febr	März	Apr	Mai	Juni	Juli	Aug	Sept	Okt	Nov	Dez

ANHANG

070mo-ps

Kleine Sprachhilfe

Die folgenden Wörter und Redewendungen wurden dem Reisesprachführer „Französisch – Wort für Wort“ (Kauderwelsch-Band 40) aus dem Reise Know-How Verlag entnommen.

Lautschrift

Hier sind diejenigen Lautschriftzeichen aufgeführt, deren Aussprache abweichend vom Deutschen ist bzw. sein kann

sh	stimmhaftes „sch“ wie das zweite „g“ in „Garage“
s	stimmhaftes „s“ wie in „Rose“
ß	stimmloses „s“ wie in „Bus“
e	langes „e“ wie in „Tee“
ö	unbetont wie auslautendes „e“ in „Hose“
ã	nasaliertes „a“ wie in „Abonnement“
ẽ	nasalierter „ä“/“ö“-Laut wie in „Mannequin“
õ	nasaliertes „o“ wie in „Beton“

Häufig gebrauchte Wörter und Redewendungen

oui	(ui)	ja
non	(nõ)	nein
merci	(märßi)	danke
s'il vous plaît	(ßilwu plä)	bitte
Salut!	(ßalü)	Hallo!
Salut!	(ßalü)	Tschüss!
Bonjour!	(bõshur)	Guten Tag!
Bonsoir!	(bõßoar)	Guten Abend!
Au revoir!	(oh röwoar)	Auf Wiedersehen!
Pardon! / Excusez-moi!	(pardõ / äxküse-moa)	Entschuldigung!

Die wichtigsten Zeitangaben

hier	(jär)	gestern
aujourd'hui	(oshurdüi)	heute
demain	(dömẽ)	morgen
après-demain	(aprä dömẽ)	übermorgen
le matin	(lö matẽ)	morgens
à midi	(a midi)	mittags
l'après-midi	(laprä midi)	nachmittags
le soir	(lö ßoar)	abends
la nuit	(la nüi)	nachts
tous les jours	(tu le shur)	täglich
avant	(awã)	früher
plus tard	(plü tar)	später
maintenant	(mẽtõnã)	jetzt
tôt	(toh)	bald

Zahlen

0	(sero)	*zéro*
1	(ẽ, ün)	*un, une*
2	(dö)	*deux*
3	(troa)	*trois*
4	(katr)	*quatre*
5	(ßẽk)	*cinq*
6	(ßiß)	*six*
7	(ßät)	*sept*
8	(üit)	*huit*
9	(nöf)	*neuf*
10	(diß)	*dix*
11	(õs)	*onze*
12	(dus)	*douze*
13	(träs)	*treize*
14	(kators)	*quatorze*
15	(kẽs)	*quinze*
16	(säs)	*seize*
17	(dißät)	*dix-sept*
18	(dißüit)	*dix-huit*
19	(dißnöf)	*dix-neuf*
20	(wẽ)	*vingt*
30	(trãt)	*trente*
40	(karãt)	*quarante*
50	(ßẽkãt)	*cinquante*
60	(ßwaßãt)	*soixante*
70	(ßwaßãtdiß)	*soixante-dix*
80	(katrwẽ)	*quatre-vingt*
90	(katrwẽdiß)	*quatre-vingt-dix*
100	(ßõ)	*cent*

+++ Die wichtigsten Wörter mit dem Bonus-Audiotrack des Kauderwelsch-

Die wichtigsten Fragewörter

qui?	(ki)	wer?	*comment?*	(komẽ)	wie?
quoi?	(qua)	was?	*combien?*	(kõbiẽ)	wie viel?
où?	(u)	wo?	*quand?*	(kã)	wann?
d'où?	(du)	woher?	*depuis quand?*	(döpüi kã)	seit wann?
où?	(u)	wohin?	*combien de temps?*	(kõbiẽ dö tã)	wie lange?
pourquoi?	(purqua)	warum?			

Die wichtigsten Richtungsangaben

à droite	(a droat)	rechts / nach rechts	*proche / près d'ici*	(prosch / prä dißi)	nah / in der Nähe
à gauche	(a gohsch)	links / nach links	*loin*	(loẽ)	weit
			de retour	(dö rötur)	zurück
tout droit	(tu droa)	geradeaus	*le carrefour*	(karfur)	die Kreuzung
en face	(ã faß)	gegenüber	*le feu*	(fö)	die Ampel
ici	(ißi)	hier	*au coin*	(o koẽ)	an der Ecke
là	(la)	dort	*au centre*	(o ßãtr)	im Zentrum
juste ici	(shüst ißi)	gleich hier	*dehors de la ville*	(döor dö la wil)	außerhalb der Stadt

Die wichtigsten Floskeln und Redewendungen

Soyez le bienvenu! / Soyez la bienvenue!	(ßoaje lö / la biẽwönü)	Herzlich willkommen! (m/w)
Comment allez-vous?	(komãtalewu)	Wie geht es Ihnen?
Ça va?	(ßa wa)	Wie gehts?
Ça va.	(ßa wa)	Danke gut.
Bonne chance!	(bõn schãß)	Viel Erfolg!
Je ne sais pas.	(shö nö ßä pa)	Ich weiß nicht.
Bon appétit!	(bõ apeti)	Guten Appetit!
A votre santé!	(a wotr ßãte)	Zum Wohl!
L'addition, s'il vous plaît!	(ladißjõ, ßilwuplä)	Die Rechnung bitte!
Félicitations!	(felißitaßjõ)	Glückwunsch!
Dommage!	(dohmash)	Schade!
Je suis désolé!	(shö ßüi desole)	Es tut mir leid!
Est-ce qu'il y a ...?	(äß kilja ...)	Gibt es ...?
Est-ce que vous avez ...?	(äß kö wusawe ...)	Haben Sie ...?
J'ai besoin de ...	(shä bösõ dö ...)	Ich brauche ...
S'il vous plaît, donnez-moi ...	(ßilwuplä, done-moa ...)	Geben Sie mir bitte ...
Où est-ce qu'on peut acheter ...?	(u äß kõ pö aschte ...)	Wo kann man ... kaufen?
Combien coûte ...?	(kõbiẽ kut ...)	Wie viel kostet ...?
Je cherche ...	(shö schärsch ...)	Ich suche ...
Où est ...?	(u ä ...)	Wo ist ...?
Où se trouve ...?	(u ßö truw ...)	Wo befindet sich ...?

Pourriez-vous m'emmener à ...?	(purie wu mãmöne a ...)	Können Sie mich zu/nach ... bringen?
Aidez-moi, s'il vous plaît!	(äde-moa, ßilwuplä)	Helfen Sie mir bitte!
A quelle heure?	(a käl-ör)	Um wie viel Uhr?
Vous permettez?	(wu pärmäte)	Gestatten Sie?

Nichts verstanden? – Weiterlernen!

Je parle seulement un peu.	(shö parl ßölmã ẽ pö)	Ich spreche nur ein bisschen.
Comment?	(komã?)	Wie bitte?
Je n'ai pas / rien compris.	(shö nä pa / riẽ kõpri)	Ich habe nicht / nichts verstanden.
Est-ce que quelqu'un parle anglais?	(äß-kö kälkẽ parl ãglä?)	Spricht hier jemand Englisch?
Comment traduit-on ... en français?	(komã tradüitõ ... ã frãßä?)	Was heißt ... auf Französisch?
Comment prononce-t-on ce mot?	(komã pronõßtõ ßö moh?)	Wie spricht man dieses Wort aus?
Répétez, s'il vous plaît!	(repete, ßilwuplä)	Wiederholen Sie bitte!
Parlez plus lentement, s'il vous plaît!	(parle plü lãtmã, ßilwuplä)	Sprechen Sie bitte langsamer!
Pourriez-vous me l'écrire, s'il vous plaît?	(purie-wu mö lekrir, ßilwuplä?)	Können Sie mir das bitte aufschreiben?

Wochentage

lundi	(lẽdi)	Montag
mardi	(mardi)	Dienstag
mercredi	(märkrödi)	Mittwoch
jeudi	(shödi)	Donnerstag
vendredi	(wẽdrödi)	Freitag
samedi	(ßamdi)	Samstag
dimanche	(dimãsch)	Sonntag

Jahreszeiten

le printemps	(prẽtã)	Frühling
en printemps	(ã prẽtã)	im Frühling
l'été	(ete)	Sommer
en été	(ãn-ete)	im Sommer
l'automne	(ohton)	Herbst
l'hiver	(iwär)	Winter
la saison	(ßäsõ)	Jahreszeit

Monate

janvier	(shãwie)	Januar
février	(fewrie)	Februar
mars	(marß)	März
avril	(awril)	April
mai	(mä)	Mai
juin	(shüẽ)	Juni
juillet	(shüijä)	Juli
août	(ut)	August
septembre	(septẽbr)	September
octobre	(oktobr)	Oktober
novembre	(nowẽbr)	November
décembre	(deßẽbr)	Dezember

REISE
KNOW-HOW
@ReiseKnowHow
@reiseknowhowverlag
@Reise_KnowHow
auf www.reise-know-how.de
für den Newsletter anmelden
Zugspitze Foto: Aneta Niemitz

Register

Street-Art am Marché du Lez (s. S. 88)

075mo-ps

Impressum

Petra Sparrer

CityTrip Montpellier

© Reise Know-How Verlag
Peter Rump GmbH
2., neu bearbeitete und aktualisierte Auflage 2023

ISBN 978-3-8317-3772-7

Printed in Germany

Druck und Bindung:
mediaprint solutions GmbH, Paderborn

Herausgeber: Klaus Werner
Layout: amundo media GmbH (Umschlag, Inhalt), Peter Rump (Umschlag)
Lektorat: amundo media GmbH
Karten: Ingenieurbüro K. Wendler, amundo media GmbH
Anzeigenvertrieb: KV Kommunalverlag GmbH & Co. KG, Alte Landstraße 23, 85521 Ottobrunn, Tel. 089 928096-0, info@kommunal-verlag.de
Kontakt: Osnabrücker Str. 79, 33649 Bielefeld, info@reise-know-how.de

Alle Angaben in diesem Buch sind gewissenhaft geprüft. Preise, Öffnungszeiten usw. können sich jedoch schnell ändern. Für eventuelle Fehler übernehmen Verlag wie Autorin keine Haftung.

Bildnachweis

Umschlagvorderseite: © Diego Fiore, stock.adobe.com | Umschlagrückseite und Umschlagklappe rechts: Petra Sparrer
Soweit ihre Namen nicht vollständig am Bild vermerkt sind, stehen die Kürzel an den Abbildungen für die folgenden Fotografen, Firmen und Einrichtungen. Petra Sparrer: ps | Patrick Michel: pm

Liste der Karteneinträge

- 213 [D4] Hôtel d'Aragon S. 124
- 214 [cg] Hôtel des Arceaux S. 124
- 215 [B3] Best Western Le Guilhem S. 124
- 216 [G4] Citadines Antigone Montpellier S. 124
- 217 [cg] La Villa Cémaste S. 124
- 218 [cg] Les 4 Étoiles S. 124
- 219 [D5] Royal Hôtel S. 125
- 220 [D6] Appart'hôtel Odalys Les Occitanes S. 125
- 221 [D5] Grand Hôtel Du Midi S. 125
- 222 [D5] Hôtel Oceania Le Métropole S. 125
- 223 [E5] Pullman La Pléiade Montpellier Centre S. 126
- 224 [cf] Villa Magnolia S. 126
- 225 [di] Camping des Roquilles S. 126
- 227 [di] Palavas Camping Tohapi S. 127

Hier nicht aufgeführte Nummern liegen außerhalb der abgebildeten Karten. Ihre Lage kann aber wie die von allen Ortsmarken im Buch mithilfe der Web-App angezeigt werden (s. S. 144).

Zeichenerklärung

- 11 Hauptsehenswürdigkeit
- [L6] Verweis auf Planquadrat im Kartenmaterial

- Arzt, Apotheke, Krankenhaus
- Bar, Bistro, Club, Treffpunkt
- Bibliothek
- Biergarten, Pub, Kneipe
- Brunnen
- Café, Eiscafé
- Denkmal
- Friedhof
- Galerie
- Geschäft, Kaufhaus, Markt
- Hotel, Unterkunft
- Imbiss
- Informationsstelle
- Kirche
- Museum
- Musikszene, Disco
- Parkplatz
- Pension, Bed & Breakfast
- Polizei
- Post
- Restaurant
- Sonstiges
- Sport-/Spieleinrichtung
- Straßenbahn-Halt
- Theater
- Turm
- Vegetarisch
- Weinbistro
- Zeltplatz, Camping

- Stadtspaziergang (s. S. 14)

- Shoppingareale
- Gastro- und Nightlife-Areale

Montpellier mit PC, Smartphone & Co.

QR-Code auf dem Umschlag scannen oder **www.reise-know-how.de/citytrip/montpellier23** eingeben und die **kostenlose Web-App** aufrufen (Internetverbindung zur Nutzung nötig)!

★**Anzeige der Lage und Satellitenansicht aller** beschriebenen Sehenswürdigkeiten und touristisch wichtigen Orte

★**Routenführung** vom aktuellen Standort zum gewünschten Ziel

★**Exakter Verlauf** des empfohlenen Stadtspaziergangs

★**Audiotrainer** der wichtigsten Wörter und Redewendungen

★**Updates** nach Redaktionsschluss

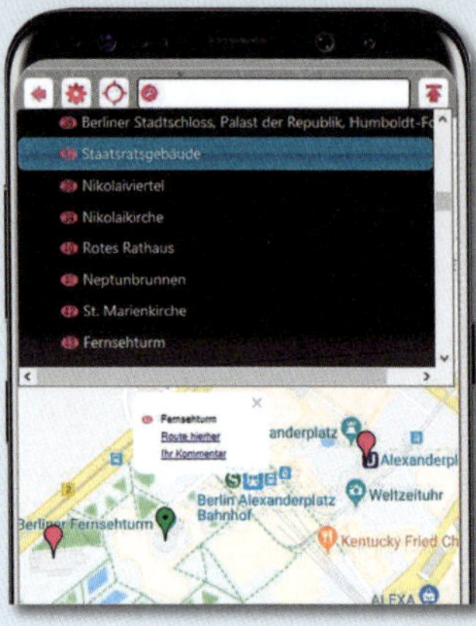

GPS-Daten zum Download

Die GPS-Daten aller Ortsmarken und des Spaziergangs stehen auf der Produktseite des Titels auf www.reise-know-how.de zum Download zur Verfügung.

Stadtplan für mobile Geräte

Um den Stadtplan auf Smartphones und Tablets nutzen zu können, empfehlen wir die App „Avenza Maps" der Firma Avenza™. Über die Funktion „Store" kann die „Citymap Montpellier 2023" kostenlos geladen werden.

Unsere App-Empfehlungen zu Montpellier

- **„Montpellier contemporain":** Mit dieser kostenlosen App für iOS und Android (auf Französisch oder Englisch) lässt sich Montpelliers moderne Architektur entdecken: drei Strecken mit Karten, Kommentare und Interviews mit Architekten.
- **„Guide des Vins de Montpellier":** kostenlose Android-App von Mobitour mit Infos zu rund 50 Weingütern in der Umgebung (auf Französisch)
- **„TaM – Transports de Montpellier 3M":** kostenlose App der städtischen Verkehrsbetriebe mit Infos zu Verbindungen und Fahrzeiten (auf Englisch, für iOS und Android)
- **M'Ticket:** Über die App kann man Tickets für die öffentlichen Verkehrsmittel kaufen und Parkgebühren begleichen (kostenlos für iOS und Android).
